とマス・メディア』 栞

2008年5月　信山社

『公人とマス・メディア——憲法的名誉毀損法を考える』刊行に寄せて

ブリティッシュ・コロンビア大学教授　松井茂記

　山田隆司氏は，マス・メディアに勤務しつつ，日本の名誉毀損法制に強い関心を抱き，大阪大学大学院法学研究科に入学し，博士号を取得された。本書は，彼の博士論文をまとめたものである。本書の刊行を喜びつつ，一言申し添えさせていただきたい。

　山田氏は，とりわけアメリカでは公人に対する名誉毀損に対しては，原告の側で表現が虚偽であったことと，被告が虚偽であることを知っていて表現したか，あるいは表現の真実性について全く無視したかのいずれかを証明しなければ，憲法上損害賠償を受けることはできないとされていることと対比し，日本の名誉毀損法制のもとでは公人に対して名誉毀損責任があまりにも容易に認められすぎているのではないかという問題関心から出発している。そこで山田氏はアメリカの判例理論を再検討し，日本の名誉毀損法制の見直しを主張される。

　これまでマス・メディアの現場で感じてきた疑問に対し，研究者として理論を検討するのは大変であったであろうし，とりわけ仕事を続けながらの研究には大変頭が下がる思いである。だが，彼の熱心な研究姿勢と丹念な努力によって，アメリカの判例理論を仔細に検討し，学説の主張も詳細に検討し，こうしてその成果が一まとめになったことはとてもうれしく思っている。

　山田氏に研究のきっかけを作ってあげながら，途中で大学を離れ，直接の指導ができなかったことを大変残念に思いつつ，彼の指導に

当たっていただいた大阪大学大学院高等司法研究科の鈴木秀美教授と棟居快行教授に深く感謝している。

日本のマス・メディアは重大な転換期を迎えている。マス・メディアに対して厳しい目を向けているのは裁判所だけではなく，マス・メディアに対して規制をかぶせようとする政府の動きはさまざまな側面で見られ，しかも多くの国民はむしろそれを歓迎しているかのようである。こうした中で，もう一度冷静になって，マス・メディアの表現・報道の自由の存在意義を考え直し，個々の領域でもマス・メディアの表現・報道の自由の限界を問い直すことが求められる。

山田氏の本書が，そのためのひとつの契機となれば，とても喜ばしい限りである。山田氏の今後の活躍を祈りたい。

「書くことは正しい」という信条

大阪大学法学研究科教授　棟居快行

本書の著者である山田隆司氏は，私が2006年秋に松井茂記教授の後任として大阪大学に赴任した際に，まさに忽然と私の前に現れ出た人物である。遺憾ながら，自分を含む大学教師には，原稿の〆切を守らないことを手始めとして，嘘もそれに近い故意の沈黙も割と平気な部類が多い。移籍慣れしている私であるが，新任校ではたいてい「そんな話は聞いていなかった！」と驚かされる羽目になる。年相応の山田氏が，「自分は松井教授の下で博士課程に在籍し……」と挨拶を始めたときにも，正直「やられた」と感じたことを思い出す。法科大学院（ロースクール）の担当以外に，研究者養成コースである法学研究科学生の世話も自分の職責には違いない，と内心つぶやきながら，同時に「こんないい年のオーバードクター（おっさん）の博士論文の指導や就職の斡旋はえらいことだわな」，と早合点

の頭がぐるぐると回った。

　ところが，私の勝手な心配を同氏のこれまたせっかちな自己紹介がたちどころに払拭してくれた。ようやく飲み込めたのは，社会人院生としていわゆる修士課程をすっとばしていきなり博士課程に入学できる制度が大阪大学にはあり，同氏もその一人であること，現職の読売新聞記者であること，すでに名誉毀損の研究でその第一人者の一人である松井教授の指導の下，アメリカの議論の展開を一応まとめ終えていること，そして，私の先入観を内容面でも覆すだけの深みのある洞察と仮説を，すでにモノにしていることであった。こうして，私と山田氏との，ふつうの教授と院生ではありえない，また研究者同士ともまるで違うつきあいが始まった。

　松井教授の後を受けて研究指導の責任を負うのは同僚の鈴木秀美教授（憲法・情報法）なのだが，堅実な同教授の研究者らしい指摘に山田氏はすばやく対応しつつも，デスクに原稿を削られる若手記者がそうであろうような，やり場のない怒りとか収まりのつかない問題意識とかを，せっせと私の研究室に「捨てに」来た。記者としてさすがに聞き上手の同氏は，私を木に登るほどに上手に煽り立てながら，知り合いのテレビマンに「面白い教授がいるぞ」と教えて私をテレビ出演の場にまで引き出した。自分は安全地帯にいながら論文のアドバイスをしているはずが，自分が表現し，同時に公衆の批判にさらされる側にいざ立たされてみると，私自身も山田氏の表現の自由論に文字通り共感するようになっていった。同氏は，私にも表現者の「言葉で瞬間の真実を切り取る」ことの重みと責任，そして法規制による威嚇がなによりも言葉の真理のわき出る泉を枯らしてしまうことを知らしめてくれたのである。

　日本の判例がそれなりに刑法民法の名誉毀損法理を表現側に有利に拡張してきた（記事の内容が真実でないことが事後的に判明しても，真実と信じるために十分な取材を尽くしていれば名誉毀損にな

らない，というマスコミ有利の判例が確立されている）にもかかわらず，マスコミ人としての山田氏は，「そもそも書くことがなぜ咎められなければならないんだ?!」という本能から発する問いをどうしてもやめることが出来ない。プロパーの研究者が「もっと表現の自由を（モア・スピーチ）」，と上品に叫ぶためにせっせと外国の判例や理論を紹介するのとは違って，山田氏は「書くことは正しい」という身に染みついた信条を確認するためだけに，慣れない英語も懸命に読み込んだ。政治家は「公人」として，およそ名誉毀損の保護の対象にするべきでない――だから批判されたら自分で堂々と批判しかえすべきだ，それが民主主義じゃないか，ましてや損害賠償額の高騰など論外のはずだ――，という，単純かつ強靭な結論が，彼の猛スピードの論文執筆を助けた。記者としての会話のつぼの掴みのうまさと正確さで，大学の廊下での立ち話も数日後の夜中のメールでの修正原稿にしっかりと取り込まれた。

　こうして本書の元になった博士論文が，有識者の手になるものとしては異例の短期間で完成した。山田氏はできあがったところから，研究会で積極的に報告し，大阪大学法学研究科の研究誌である「阪大法学」に掲載し，専門家の批判もあおいだ。マスコミ人としては当たり前のことが，研究者やさらには裁判官の当たり前になかなか成り得ない現実に，論証の作法に則って「おかしいじゃないか」とボールを投げ返した。その思いの深さと研究業績としてのユニークさは，大阪大学の博士（法学）にふさわしいとの評価を無事勝ち得た。余力をかって，本書の出版元である信山社の渡辺左近氏の首をも縦に動かした。山田氏の万感の思いのこもった本書により，同氏の多くの同業者がそのペン先をさらに鋭くし，また切れば血の出るような現場での表現の重みを研究者も知りうるようになるとすれば，偶然のなりゆきで同氏の論文執筆に係わりをもった私としても，これに勝る喜びはない。

公人とマス・メディア

――憲法的名誉毀損法を考える――

山田隆司 著

信山社

はしがき

「名誉毀損だ。断固，法的措置を取る」

批判記事を書かれた政治家がテレビカメラに向かって声を張り上げている。こんな場面を何度見ただろう。

元首相の中曽根康弘氏や森喜朗氏の名誉毀損訴訟は，日本の最高権力者の立場にあった公人が起こした裁判として話題を呼んだ。最近では，ある新聞社の編集委員がテレビの報道番組で，証券会社の上場維持に安倍晋三首相（当時）の事務所が関与したかのような発言をした，として首相秘書らが新聞社などを提訴したことに関連し，安倍首相が新聞社を厳しく批判したことが記憶に新しい。

駆け出し記者時代，警察や検察庁・裁判所を担当していたころから，表現の自由をめぐる法律や裁判に関心を持ち，自分なりに問題意識を深めてきた。特に仕事で直接関わった経験はないが，公人が起こす名誉毀損訴訟は「何かおかしい」と感じてきた。

記者生活20年を迎えるころ，この問題を本格的に研究したいと考えるようになった。松井茂記教授の「変貌する名誉毀損法と表現の自由」（ジュリスト1222号）を読み，触発を受けたことが大きい。なかでも，アメリカ連邦最高裁判所が導入した「現実的悪意の法理」に目を奪われた。

「マス・メディアの状況は余り変わらないのに，判例法理が日本とここまで違うとは」

関連する諸論文を読み，現実的悪意の法理を日本にも導入すべきである，という短い論稿を2004年の初夏に書いた。当時，大阪大学におられた松井教授とは面識がなかった。しかし，当たって砕けろ。思い切って連絡を取ってみると，気軽に会って

いただけた。

　拙稿を読まれた教授から,「本学の大学院博士後期課程に正式に入学し,体系的に研究してみませんか。新聞社でも,山田さんが所属する編成部(ニュースの価値を判断し,見出しを付け,紙面をレイアウトする部)なら,夜のお仕事が中心のはずで,午前中に頑張れば院でも十分やれるでしょう」と,実情を踏まえたうえで勧められた。

　大阪大学大学院法学研究科の博士後期課程には,在職しながら研究したい人のために,社会人選抜の制度がある。一般選抜との違いは外国語の試験がないことぐらい。入学後は単位や授業などで,研究者を目指す一般の院生と全く同じに扱われる。修了に必要な単位数は多くなく,学部生のように毎日大学に通う必要もない。会社の勤務時間外と休日をフル活用し,往復の通勤など細切れの時間も効率的に使えば,会社の同僚と全く同じように仕事をしながら3年間の研究生活を送れそうだ。

　思いがけない提案に,初めは戸惑った。しかし,帰宅して妻と相談し,その日のうちに一念発起,挑戦することを決めた。時間的な制約はあるものの,休職せず,仕事を続けながら研究できるのが魅力だった。大阪大学は,学問と実務を架橋する「開かれた大学院」を標榜している。『マス・メディア法入門』(日本評論社,2003年)の著者である松井教授だけでなく,『放送の自由』(信山社,2000年)を書かれた鈴木秀美教授がいらっしゃり,憲法・メディア法を研究するのに極めて恵まれた環境にあることも決断を後押しした。

　2005年春に入学すると,指導教官の松井教授から,「現実的悪意の法理を研究するならば,まずアメリカの判例法理と学説を学ぶべきである」という指針を示された。そこで,休日に大学図書館の書庫にこもり,アメリカの概説書などをごっそり借り出す。アメリカの法律データベースにアクセスし,判例・論文

を次々とダウンロードする。会社に入ってからは仕事で英語を使うことが余りなかったため,「リハビリ」には少々手間取った。しかし,学生時代にはなかった電子辞書を味方に,論稿を読み進めた。

　論文執筆に当たって,特に文体には気を使った。新聞記事と学術論文では,かなり違う。新聞では,分かりやすさを第一に,なるべく平易な言葉を使い,短文を重ねる。これに対し,論文では,意味が限定的な画数の多い言葉を使い,慣例（？）として少々持って回った表現が多い。年下の先輩院生にもアドバイスを受け,試行錯誤しながら学術論文の「作法」を学んだ（もちろん本書でも,この「はしがき」と序章以下の本文では文体を変えている）。

　そんなある日,「しげのり会」という松井ゼミＯＢ会の,年に一度の懇親会の席上,教授から重大発表があった。年末で阪大を辞め,カナダのブリティッシュ・コロンビア大学に移られるというのだ。大学院に入って,まだ5か月余り。これから本格的に指導を受けようとしていただけに,青天の霹靂だった。とは言え,教授には教授の人生がある。仕方ない。残りの日々を充実させることにした。

　しかし,幸いにも阪大には,日本でも指折りのメディア法学者・鈴木教授がおられる。年明け以降の指導教官を引き継いでいただく。鈴木教授には,まさに手取り足取り。年だけ食っているものの,学界の右も左も分からない「中年院生」が,懇切丁寧な教えを受けられたことは望外の幸せだった。失礼を省みず喩えると,松井教授が該博な知識・見識を基に大局的な方針を指し示す「厳父」とすれば,鈴木教授は,的確な視点から細部にまで気を配る「慈母」のようだった。

　2005年末には,初めての学術論文を脱稿した。それが本書の第2章にほぼ相当する「アメリカにおける憲法的名誉毀損法の

展開と課題——『現実的悪意の法理』についての連邦最高裁判所判決を手がかりに」である。離日される直前，荷物が積み上げられた松井教授の研究室で，大学紀要「阪大法学」の掲載申請書類に，印鑑を押していただいたシーンは今でも鮮明に覚えている。

それ以降，2008年初めまでに，「阪大法学」に2本の論文が掲載された。「アメリカにおける憲法的名誉毀損法の再検討——『現実的悪意の法理』に関する学説を手がかりに」及び「公人と名誉毀損——『現実的悪意の法理』導入の可能性（1）（2・完）」である。以上の論文に，名誉毀損訴訟の損害賠償高額化に関する「補論」を加え，加筆・修正して学位論文にまとめ，2008年3月に博士（法学）を大阪大学から授与された。その博士論文を再修正し，世に問うたのが本書である。

ここでの主張は，学会や研究会での発表が基となっている。

まず2006年末，京大で行われた関西憲法判例研究会（代表・佐藤幸治京都大学名誉教授）で初めて発表の機会を得た。京大，阪大をはじめ，立命館大や関西大などの諸先生方の鋭い質問を受けながら，論旨を研ぎ澄ますことができた。2007年6月には，熊本学園大で開かれた日本マス・コミュニケーション学会（会長・大井眞二日本大学教授）で「学会デビュー」を果たす。発表会場に閑古鳥が鳴くことも覚悟していたが，来場者は思っていた数をはるかに上回り，緊張感が高まった。阪大・松井門下の丸山敦裕・長崎県立大学講師らのほか，京大の曽我部真裕准教授や成城大の西土彰一郎准教授ら気鋭の研究者が報告に耳を傾けてくれた。もちろん，指導教官の鈴木教授も会場最後列で見守ってくださった。日が暮れてから居酒屋で，この若い面々と語り合いながら飲んだ地酒の味は格別だった。

お世話になった先生といえば，阪大の棟居快行教授を忘れることはできない。教授は，松井教授の転出に伴い，高等司法研

究科(ロースクール)に2006年10月に着任された。筆者の所属する法学研究科は直接の担当ではないが，下書き段階での論文の構成から今後の研究計画の練り方まで，独創的なご教示をいただいた。何より気さくな人柄で，昼食をご馳走になったあと，外が暗くなるまで度々研究室で話し込んだことは思い出深い。高邁な理想を掲げつつも，地に足の着いた現実的な考え方には，うなずくばかりだった。公人の名誉毀損をめぐる問題についても，多大な示唆を受けることができた。本書の出版に当たっては，信山社の渡辺左近氏に仲介の労をとってくださるなど，ご尽力いただいた。

　短い研究生活の中で，最も気になったのが，マス・メディアの主張と裁判実務の論理が噛み合っていない点だ。情報源秘匿に関する事件のように，マス・メディアに一定の理解を示す判決がない訳ではない。だが，名誉毀損事件では，「相当性理論」でガチガチに固められ，表現の自由を手厚く保障しようとするアメリカの裁判官の理解ある態度とは天地雲泥の差がある。日本では，学者にも裁判官と同様の考え方をする人さえいる。むしろ，こちらが主流だろうか。

　これでいいはずがない。両者の「溝」を埋めていく努力が必要だ。それも，マス・メディアの世界の言語・論理ではなく，法律の世界の土俵に乗り，その言語・論理を使って，表現の自由を手厚く保障する主張を展開しなければならない。こうした問題意識から新聞記者の立場を離れ，大学院で名誉毀損法を研究し，自論をまとめた。

　本書の内容について責任は，全て筆者にある。本研究は，読売新聞の記者である筆者が個人の立場で行ったものであり，ここでの主張も社の見解とは全く無関係であることを付言しておきたい。

　末筆ながら，要所を突いたアドバイスを草稿段階から何度も

いただいた畏友の山下幸夫弁護士にお礼を言いたい。個別にお名前は記さないが，本書をまとめるに当たり，親身な助言を数多くいただいた記者仲間にも感謝の意を表する。そして，ここまで「二足のわらじ」ともいうべき仕事と研究の両立を支えてくれた妻，千秋に本書を捧げたい。

　2008年　春

　　　　　　　　　　　　　　　　　　　　　山田　隆司

目　次

序　章 ……………………………………………………………… 1

第1章　相当性理論から現実的悪意の法理へ ……………… 4
　第1節　はじめに ………………………………………………… 4
　第2節　相当性理論 ……………………………………………… 10
　　第1款　導入の経緯（10）
　　第2款　相当性理論の問題点（18）
　　第3款　判例の厳格化傾向（20）
　第3節　証明責任の転換 ………………………………………… 26
　第4節　小　括 …………………………………………………… 28

第2章　アメリカ連邦最高裁における
　　　　現実的悪意の法理の採用と展開 ……………………… 31
　第1節　はじめに ………………………………………………… 31
　第2節　名誉毀損成立要件の変遷 ……………………………… 32
　　第1款　コモン・ロー（32）
　　第2款　New York Times 判決とそれ以降（33）
　　第3款　複合テスト（39）
　第3節　公人と私人 ……………………………………………… 43
　　第1款　区別の基準（43）
　　第2款　公職者（45）
　　第3款　公的人物（50）
　　　　　　(1)　全面的公的人物（52）　(2)　限定的公的人物（53）
　第4節　小　括 …………………………………………………… 59

第3章　アメリカにおける現実的悪意の法理の再検討………62

第1節　はじめに …………………………………………62
第2節　学説の動向 ………………………………………64
　第1款　否定説（64）
　第2款　絶対的免責論（68）
　第3款　肯定説（69）
　第4款　検　討（72）
第3節　改革案 ……………………………………………74
　第1款　主要な提言（74）
　第2款　改革案の評価（77）
第4節　現実的悪意の法理の適用範囲 …………………79
　第1款　限定的公的人物と全面的公的人物（79）
　第2款　自発的公的人物と非自発的公的人物（81）
　第3款　公人法理（85）
第5節　小　括 ……………………………………………88

第4章　日本における現実的悪意の法理……………93

第1節　判例及び学説における賛否 ……………………93
　第1款　判　例（93）
　第2款　学　説（96）
第2節　現実的悪意の法理導入の可能性 ………………98
　第1款　表現の自由に配慮した定義づけ衡量（98）
　第2款　現実的悪意の法理導入枠組の検討（101）
　　　(1)　喜田村説（101）　(2)　「強い公共性」の視座（102）
　　　(3)　日本の判例法理への組み入れ方（105）
第3節　小　括 …………………………………………109

第5章　日本における公人の名誉保護 ……………113

第1節　公人の名誉権 …………………………………113
　第1款　議論する意義（113）
　第2款　公共空間における相互関係（116）

第3款　公人と私人の区別 (118)

　第2節　公人類型の再構成 ……………………………………121

　第3節　現実的悪意の法理の適用範囲 ……………………125

　　第1款　報道対象と報道内容による限定 (125)

　　第2款　裁判例による検証 (127)

　第4節　小　括 …………………………………………………130

補論　公人の名誉毀損と損害賠償高額化 ………………………132

　第1節　問題の所在 ……………………………………………132

　第2節　高額化の動向とその背景 ……………………………134

　　第1款　判例の流れ (134)

　　第2款　諸研究の概観 (138)

　　　　(1)　慰謝料額高額化の賛否 (138)　　(2)　司法内部の研究会の提言 (142)　　(3)　提言に対する反応 (145)

　　　　(4)　懲罰的損害賠償 (148)

　　第3款　公人を高額化する理由 (149)

　第3節　求められる表現の自由との調整 ……………………151

　　第1款　公人の慰謝料額高額化と萎縮効果 (151)

　　第2款　現実的悪意の法理導入の必要性 (154)

　第4節　小　括 …………………………………………………158

結　章 ………………………………………………………………160

　おわりに ………………………………………………………167

　　参考文献

　　判例索引

　　索　引

初出誌一覧

第1章………………阪大法学57巻4号（2007）
　　　　　　　　　「公人と名誉毀損──『現実的悪意の法理』導入の可能性（1）」
第2章………………阪大法学55巻6号（2006）
　　　　　　　　　「アメリカにおける憲法的名誉毀損法の展開と課題──『現実的悪意の法理』についての連邦最高裁判所判決を手がかりに」
第3章………………阪大法学56巻6号（2007）
　　　　　　　　　「アメリカにおける憲法的名誉毀損法の再検討──『現実的悪意の法理』に関する学説を手がかりに」
第4章第1節………阪大法学57巻4号（2007）
　　　　　　　　　「公人と名誉毀損──『現実的悪意の法理』導入の可能性（1）」
　　　第2・3節…阪大法学57巻5号（2008）
　　　　　　　　　「公人と名誉毀損──『現実的悪意の法理』導入の可能性（2・完）」
第5章………………阪大法学57巻5号（2008）
　　　　　　　　　「公人と名誉毀損──『現実的悪意の法理』導入の可能性（2・完）」

凡　例

判例の引用は次の例のように表記する。
　　最高裁判所大法廷判決昭和29年11月24日刑集 8 巻11号1866頁
　　　　＝最大判昭和29年11月24日刑集 8 巻11号1866頁
　　最高裁判所第一小法廷決定昭和53年 5 月31日刑集32巻 3 号457頁
　　　　＝最 1 小決昭和53年 5 月31日刑集32巻 3 号457頁
　　大阪高等裁判所判決昭和37年10月31日下民集13巻10号2194頁
　　　　＝大阪高判昭和37年10月31日下民集13巻10号2194頁
　　東京地方裁判所判決昭和25年 7 月13日下民集 1 巻 7 号1088頁
　　　　＝東京地判昭和25年 7 月13日下民集 1 巻 7 号1088頁

判例集等略記表
　　民録　　　大審院民事判決録
　　大刑集　　大審院刑事判例集
　　民集　　　最高裁判所民事判例集
　　刑集　　　最高裁判所刑事判例集
　　裁集民　　最高裁判所裁判集民事
　　高民集　　高等裁判所民事判例集
　　高刑集　　高等裁判所刑事判例集
　　判特　　　高等裁判所刑事判決特報
　　下民集　　下級裁判所民事裁判例集
　　判時　　　判例時報
　　判タ　　　判例タイムズ

主要雑誌略記表
　　ジュリ　　ジュリスト
　　民商　　　民商法雑誌
　　法教　　　法学教室
　　法時　　　法学時報
　　法セ　　　法学セミナー
　　ひろば　　法律のひろば

なお，判例・文献引用中，……は省略を示し，〔　〕は筆者による補充・言い換えを表す。引用文中の年月日，法令の条数などの漢数字は，算用数字に改めた。文献は，できるかぎりサブ・タイトルを含めて表示し，判例批評なども「判批」とせず，原則として表題を掲げた。定期刊行物の略記は，2字表記を原則とした。完全誌名は参考文献リストを参照していただきたい。文献を引用した研究者の肩書は，発表当時のものによった。

序　章

　「公人」の名誉権は、私人と同様、あるいは、より手厚く保護されるべきなのであろうか。

　名誉毀損法の歴史を振り返ると、その眼目は人格権侵害の救済というよりも、政治権力を有していた公人に対する批判を抑圧するためにあった、と言われている。国民主権となった現代国家において、こうした前時代の残滓は許されず、むしろ公人は、権力を有するが故に国民の批判を甘受しなければならないはずである。しかしながら、日本では名誉毀損法が発展途上にあるためか、訴訟においてカテゴリカルには公人／私人が区別されず、ほぼ同様の取り扱いを受けている。それだけではなく、名誉毀損に対する損害賠償額の高額化傾向が指摘される中にあって、公人ほど高額化を図る必要がある、という主張さえなされ、その効果は実際の裁判例にも現れ始めている。本来、名誉権を手厚く保護する要請が大きいのは私人であり、「公人」はマス・メディアを通じて厳しいチェックを受けるべきであろう。

　本書の目的は、このような問題意識をもとに、民事上の名誉毀損法理について、不法行為法及び刑法のレベルではなく、最高法規たる憲法の観点から再検討すること、すなわち、いわば「憲法的名誉毀損法」を考察することである。

　本書では、最高裁判例によって確立している、いわゆる「相当性理論」の問題点を明らかにするとともに、表現の自由保障と名誉権保護とを憲法的に適切に調整するために、「公人」に関する表現を手厚く保護する見地からアメリカ連邦最高裁判所が採り入れた「現実的悪意の法理」を日本の判例法理にも導入できないか検討する。こ

の法理は，名誉を毀損する表現内容が虚偽であった場合，表現者が虚偽性について，いわば「故意又は重過失」を有していたことを，原告の「公人」が立証しなければならない，とするものである。もし，この法理が日本に導入されたならば，これまで決して活発とは言えないとされていた公人に関する批判的報道が活性化され，国民の知る権利に大きく貢献する可能性は極めて高い。

　ただ，名誉毀損をめぐる日米の法制度が異なる以上，アメリカにおいて運用されている枠組そのままで日本に導入することは，実際には難しいであろう。そこで，本書では，相当性理論を確立している判例法理について，問題となる事項の公共性の程度を明確な形で意識せず，表現の自由に対する意識が希薄だったという問題点を指摘し，「強い公共性」という視座を提示する。そして，「強い公共性」を有する「公人」に関する表現については，相当性理論の枠組のうち，目的の公益性に代えて「現実的悪意」を要件とし，原告の「公人」がマス・メディアの現実的悪意を立証できなかった場合，真実性・相当性の要件は審理することなく被告が勝訴する新たな枠組を提案したい。

　第1章で，判例が相当性理論を導入した沿革を辿ったあと，この理論が裁判官の主観に頼りすぎ，判例の厳格化傾向を招いていることなどの問題点を分析する。第2章では，相当性理論の代替基準として現実的悪意の法理について，アメリカにおける採用と展開を，連邦最高裁判決を手がかりに概観する。また，第3章では，アメリカで現実的悪意の法理が再検討されている状況について，学説を手がかりに肯定説や否定説の主張，主要な改革案について見ていく。第4章においては，日本における現実的悪意の法理についての判例及び学説の議論を概観し，問題となっている事項が「強い公共性」を有している場合には特に強く表現の自由を保障するため，民事上の判例法理に導入することの可能性を考察する。第5章では，「公人」の名誉権を議論する意義を明らかにする。公人の名誉毀損につ

いて，現実的悪意の法理を採り入れるとすれば，その適用範囲をどうするかという問題が出てくる。アメリカでは，「公職者」及び「公的人物」に適用されているが，「自発的公的人物」と呼ばれる類型への適用が議論の焦点となっていることから，対象となる「公人」類型の再構成を検討する。新たな枠組によれば，これまで相当性の有無について予測が付きにくかったマス・メディアをめぐる訴訟がどう変わりうるかについて試論を示したい。

さらに，補論では，公人が原告となっている名誉毀損訴訟において，その損害賠償額が私人と比べ，より高額化の傾向を示すことについて，裁判例を分析するとともに，高額化についての諸研究を概観し，名誉毀損の損害賠償額を高額化するに当たって，表現の自由との調整を図るため，免責法理を見直す必要性があることを指摘する。

なお，名誉毀損訴訟は，原告が公人／私人，自然人／法人など，被告がメディア／非メディアなど，さまざまな組み合わせがありうるが，本書では，とりわけ公人とマス・メディアの「対立」に焦点を当てる。本来，表現の自由はマス・メディアに限らず，何人にも等しく保障されるが，マス・メディアは国民に代わって公人を監視・批判するものであり，実際上，最も名誉毀損の問題が生じやすいからである。

第1章　相当性理論から現実的悪意の法理へ

第1節　はじめに

　私人間（一方がいわゆる「公人（public person）[1]」の場合を含む）で表現の自由とプライバシー権とが衝突する場合には，判例はプライバシーの側のみを一方的に保護している，という批判が有力である[2]。他方で，表現の自由と名誉権との衝突に際しては，刑法230条の2が存在したこともあって，判例上も表現の自由への一定の配慮がなされてきた。真実性の証明に失敗した場合でも，事実を真実と信じたことに「相当の理由」があれば免責する「相当性理論」は，まさに表現の自由保障を強化するため，最高裁判決[3]によって民事上の名誉毀損法に組み入れられたものであり，名誉権保護と表現の自由保障を憲法的に調整しようとした点は，画期的なものと評価しうる。

　しかしながら，「相当の理由」という表現は抽象的であるから，マス・メディアにとっては，裁判で相当性が認められるかどうか編集・公表段階で予測が付きにくい。しかも訴訟では，名誉権保護を優先

1　公職者及び公的人物の総称。本書では，現業や窓口などを含む広義の公務員ではなく，政治家や上級官僚など一定の権限を有する者に議論を絞るため「公職者」という表現を使う。

2　松井茂記『マス・メディアの表現の自由』114, 125頁（日本評論社, 2005）。

3　最1小判昭和41年6月23日民集20巻5号1118頁。「判批」として，淡路剛久「民法上の名誉毀損と真実性・相当性の抗弁──『署名狂やら殺人前科』事件」メディア判例百選50頁（2005），神田孝夫「意見ないし論評の表明と名誉毀損」民法判例百選Ⅱ〔第4版〕182頁（1996），三島宗彦「真実の証明による免責」マスコミ判例百選46頁（1971）。

第1節　はじめに

する傾向が強まるとともに,「相当の理由」の判断がメディアの実情とかけ離れ, 相当性を容易に認めない「厳格化」の流れが定着した, と言われている[4]。

そもそも, 相当性理論それ自体が表現の自由を萎縮させないか。この理論は, とりわけ政治家など「公人」を批判する報道に深刻な影響を及ぼす懸念がある。民主主義社会において, 主権者たる国民の知る権利にこたえるという観点から, 政治的権力に関わる公人のニュース価値は大きい。ただ, マス・メディアの取材には限界がある以上, 伝達する情報に誤りがあることは避けられない面もある。結果として誤報になったとき,「相当の理由」を裁判所に容易に認めてもらえず全て法的責任を負うとすると, 真実性・相当性を証明できるかどうかボーダーラインの場合, 現在の相当性理論では, 証明できないことを恐れ, マス・メディアは報道を「自己規制」するようになり, 国民に対する多様な情報の流通が妨げられてしまう可能性がある。マス・メディアの表現の自由は, 名誉毀損法理とその運用にかかっている。マス・メディアに対する「萎縮効果(chilling effect)」は, どのような名誉毀損法の問題点から生じているのだろうか。

第1に, 相当性を判断する判例の枠組に疑問の余地がある。不法行為法では, 名誉毀損の免責について, 刑法を援用して判断することが判例によって確立している[5]。判例は, 刑法230条の2に規定された, ①事実の公共性, ②目的の公益性, ③事実の真実性の3要件を検討し, 免責について判断する。裁判所は, 真実性の証明ができない場合でも,「行為者においてその事実を真実と信ずるについて相当の理由があるときには, 右行為には故意もしくは過失がなく,

---

[4] 鈴木秀美「表現の自由と名誉保護」棟居快行ほか編集代表『プロセス演習憲法〔第3版〕』138頁（信山社, 2007）, 松井茂記『マス・メディア法入門〔第3版〕』114頁（日本評論社, 2003）, 山川洋一郎「真実証明および相当性についての考え方」日本新聞協会研究所編『新・法と新聞』239頁（日本新聞協会, 1990）参照。

[5] 五十嵐清『人格権法概説』48—49頁（有斐閣, 2003）。

結局，不法行為は成立しない[6]」として免責を図る。学説も判例を概ね支持する。しかしながら，明文規定がなく基準の曖昧な相当性理論によって判断する枠組は，本当に表現の自由を手厚く保障するものであるか疑義が生じる。本来，表現の自由が民主政過程に不可欠であることを前提に，「公的事項」に関する表現はそれ以外の事項に関する表現とは区別して，より手厚く保護すべきであるという観点からすると，問題となる公的事項が政治家の不正行為など，強く保護されるべき程度の公共性を有する事項か，著名人の行状など，それほど強く保護されるべきとはいえない程度の公共性を有する事項なのか，を明確な形では区別して扱わない相当性理論は，そうした強く保護されるべき公的事項に関する表現の自由に対する問題意識が欠けており，実は行き詰まりの様相を呈しているのではなかろうか。

　第2に，「公人」についての議論も同様のことが指摘できる。最高裁判所は，『月刊ペン』事件[7]で「私人の私生活上の行状であつても，そのたずさわる社会的活動の性質及びこれを通じて社会に及ぼす影響力の程度などのいかんによつては，その社会的活動に対する批判ないし評価の一資料として，刑法230条ノ2第1項にいう『公共ノ利害ニ関スル事実』にあたる場合がある」と判示した。本判決は，事実の公共性の要件を広く解する先鞭になったものであり，これ以降，「公共の利害に関する事実」が拡張傾向にある，と言われている[8]。しかしながら，「公共の利害に関する事実」とは何かについて，最高裁判所がどのように考えているか必ずしも明らかではなく，本判決も判断方法を示しただけで，内容については言及していない。日本

6　最1小判昭和41年6月23日民集20巻5号1118頁。

7　最1小判昭和56年4月16日刑集35巻3号84頁。高佐智美「名誉毀損と『公共ノ利害ニ関スル事実』——『月刊ペン事件』」憲法判例百選I〔第5版〕144頁（2007），佐伯仁志「公共の利害に関する事実」メディア判例百選40頁（2005）参照。

8　駒村圭吾『ジャーナリズムの法理——表現の自由の公共的使用』177頁（嵯峨野書院，2001）。

新聞協会の新聞法制研究会も，加盟紙の訴訟で公共性が否定された例がないこともあり，この点を深く掘り下げた判例は見当たらない，と指摘する[9]。公共性の要件について，最高裁判所のリーディングケースが出た後，学説を含め議論が停滞していると言いうるのではないかと思われる。

第3に，アメリカ連邦最高裁判所によって導入された「現実的悪意（actual malice）の法理[10]」をめぐる日本での議論も空回りしている観がある。この法理は，「公人」の公的事項に関する名誉毀損について，表現者の「現実的悪意」，すなわち，虚偽であることを認識して，あるいは虚偽か否かを無謀にも無視して，名誉毀損的虚偽表現がなされたことを原告が立証しなければならないとする。その立証は厳しいもので，アメリカにおいて原告勝訴の事例はほとんどなく，実際の運用で表現の自由が手厚く保障されている[11]。しかしながら，日本では，導入を主張する論者と，否定する判例・学説の議論が噛み合っていないように思われる。例えば，公的問題に関する発言は自由であることが原則であり，現実的悪意がない限り名誉毀損は成立しないとすべきとする論者[12]や，「公人」に関する名誉毀損につい

---

9 日本新聞協会研究所編『新・法と新聞』86頁（日本新聞協会，1990）。
10 「現実的悪意の法理」については，本書第2章第2節参照。松井茂記「名誉毀損と表現の自由——憲法的名誉毀損法の展開に向けて（1）―（4・完）」民商87巻4号37頁，5号26頁，6号13頁，88巻1号51頁（1983），北岡守「名誉毀損法と修正第一条——最近のアメリカ連邦最高裁の判例を中心として」青法29巻2号89頁（1987），吉野夏己「名誉毀損的表現と言論の自由」中央大学大学院研究年報17号67頁（1988），清水公一「アメリカ合衆国における憲法法理としての名誉毀損法の展開——『現実の悪意（actual malice）』の法理の新展開」慶応義塾大学法学政治学論究2号227頁（1989），奥平康弘『ジャーナリズムと法』185頁（新世社，1997），紙谷雅子「パブリック・フィギュアと現実の悪意——公的な人物に対する名誉毀損」法教236号15頁（2000）も参照。
11 アメリカにおける「現実的悪意の法理」に関する学説については，本書第3章第2節参照。松井茂記「New York Times 判決の法理の再検討——アメリカにおける名誉毀損法改革をめぐる最近の議論について」民商115巻2号1頁（1996），清水公一「アメリカにおける表現の自由と名誉権の調整——学説の新動向」法学政治学論究10号177頁（1991）も参照。

ては現実的悪意の法理を適用し，しかも原告に証明責任を課すのが憲法の要求というべきとする論者[13]がいる。これらはアメリカの議論を紹介し，日本でも憲法に基づいて導入すべきと主張するものであるが，否定説からは，判例の枠組をどのように改革するのか具体策を示していない，と批判されている。裁判例には一時，この現実的悪意の法理に理解を示すものが散見されたが，近時は実定法上の根拠を欠くとして否定的に捉える判断が続いている。

　この「3つのつまずき」が日本の名誉毀損法[14]の動脈硬化を引き起こし，いわば仮死状態を招いているとも思われる。どのように「蘇生」させていけばよいのだろうか。

　現在の判例では，政治家など「公人」についても相当性の枠組がそのまま適用され，言説の対象者たる原告が公人であるか，あるいは私人であるかは，カテゴリカルには名誉毀損の免責要件となっていない。全ては「公共の利害に関する事実」という要件に吸収され，ケースバイケースの判断に委ねられることから，枠組としては公人も一般市民とほぼ同様に扱われる。その結果，近年の裁判例が示す損害賠償額の高額化傾向の中で，表現の自由の重みを対象者との関係できめ細かく衡量することなく，機械的に逸失利益の補填の機能を慰謝料に託すことがなされているためか，私人と比べ，公人・著名人ほど高額な賠償が認められるという，あるべき方向とは「逆向き」の傾向さえ指摘されうる（損害賠償額の高額化については，補論において詳細に検討する）。

12　浦部法穂『注釈日本国憲法上巻』465-66頁（青林書院新社，1984）。
13　松井・前掲注（2）107頁。
14　日本の名誉毀損法について，近時では，松村光晃ほか編『名誉毀損・プライバシー報道被害の救済——実務と提言』（ぎょうせい，2006），のぞみ総合法律事務所編『新・名誉毀損』（商事法務，2006），村上孝止『人格権侵害と言論・表現の自由』（青弓社，2006），浜辺陽一郎『名誉毀損裁判——言論はどう裁かれるのか』（平凡社，2005），佃克彦『名誉毀損の法律実務』（弘文堂，2005），升田純『名誉毀損・信用毀損の法律相談』（青林書院，2004），平山信一『名誉毀損』（自由国民社，1995）参照。

そこで、公人の名誉権を、私人と同等、あるいは、より強く保護するべきではないという問題意識から、表現される主体に注目し、少なくとも「公人」の強い公共性を有する行為に関する表現について、より明確な基準を名誉毀損法に導入することを検討したい。公人の名誉権と、事実を摘示するマス・メディアの表現の自由とを、どのように憲法適合的に調整すべきかについて探究するのが本書の目的である。

　相当性理論は、「諸刃の剣」となっている可能性がある。この理論は、表現の自由保障を強化するため、判例によって名誉毀損法に導入されたという積極的な意義を持つ反面、「相当の理由」という抽象的な表現のため、実際の訴訟では予測可能性が付きにくく、むしろ表現者に対し容易に相当性を認めない「厳格化」の傾向が強まっている、と見られている。

　このような現状をただ傍観しているだけでよいのであろうか。本章では、まず日本における名誉毀損法を歴史的に振り返り、表現の自由を保障した日本国憲法の趣旨に適合するため、刑法230条の2が付け加えられ、さらに表現の自由保障を一歩進めるため、最高裁判所が相当性理論を採り入れた経緯を概観する。次に、相当性理論が、表現の自由をより活性化させるという当初の期待とは裏腹に、裁判所によって名誉毀損の被害者の保護を重視する「厳格化」の傾向にあることについて考察する。そして、こうした問題点を改善するために、表現者の側にある立証責任を、訴えを提起する側に転換するべきであるという日本における議論について触れ、「現実的悪意の法理」という、より言論保護的な基準を導入したアメリカの議論へ目を転じていくことにする。

第2節　相当性理論

第1款　導入の経緯

　歴史的に見ると名誉毀損法は，人格権侵害に対する救済というよりも，時の権力者（公務員・公人）を批判する表現活動の抑圧手段として大きな意味を持っていた[15]。日本の刑法における名誉毀損罪も，政府批判の抑圧が期待され「言論弾圧の治安法」としての役割を持った1875年の讒謗律を基本的に継受したものである[16]。明治時代の日本では，西欧近代の名誉毀損法制の影響下，名誉毀損を処罰する必要性を社会の平穏を乱すところに見出した[17]。その背景には，西欧社会においてすら表現の自由の重要性が十分に認識されていなかった時代には，事実が真実であろうとなかろうと変わりはなく，むしろ真実たる事実が明らかになるほうが社会の平穏にとって脅威となる，という考え方が当然視されていたことがある。名誉毀損法は，公共秩序違背・治安妨害という観点で捉えられ，私人に対する名誉毀損よりも公人に対する名誉毀損をより重大視することによって，言論による権力批判を封じるところに主たる狙いがあったのである[18]。

　名誉毀損罪は，1880年の旧刑法，1907年の現行刑法に引き継がれたが，マス・メディアとの関係では，1909年の新聞紙法と1893年の出版法が刑法の特別法として規制していたため，刑事罰に関しては多くの場合，刑法の適用は問題にならなかった[19]。新聞紙法や出版

15　芦部信喜『憲法学Ⅲ人権各論（1）〔増補版〕』348－49頁（有斐閣，2000）。
16　平川宗信『名誉毀損罪と表現の自由』33頁（有斐閣，1983）〔2000年に復刻版発行〕。
17　山元一「真実性の抗弁——表現の自由と名誉毀損罪」法教236号12－13頁（2000）。
18　浦部法穂『憲法学教室〔全訂第2版〕』159頁（日本評論社，2006）。
19　奥平康弘「ジャーナリズムと法律」城戸又一編集委員代表『講座現代ジャーナリ

法では，法律の認める範囲内で真実性の証明があれば免責が可能であった。

第2次世界大戦後，両法が廃止されて真実性の証明による免責の実定法上の根拠が失われたため，日本国憲法で保障された表現の自由を重視する観点から1947年，刑法に230条の2が付加された[20]。公共性のある事項についての責任ある発言である限り，名誉権の侵害という「害悪」を生ぜしめる言論であっても保護されるべきことを原則に，名誉権と表現の自由を調整しなければならないとして規定されたのが刑法230条の2なのである[21]。最高裁判所は，刑法230条の2について，「人格権としての個人の名誉の保護と，憲法21条による正当な言論の保障との調和をはかつたものというべき」と判断している[22]。学説でも一般的には，刑法230条が名誉毀損罪の成立には摘示した事実の真否は問わないとしているところ，刑法230条の2の規定は，「真実の摘示」を不処罰にすることにより，憲法21条が保障する表現の自由と憲法13条が保護すると解される名誉権との調整を図ったものである，と見ている[23]。

ただ，この規定を新設した立法者の意識は，戦前の新聞紙法と出版法の廃止に伴う「旧法律規定の積みかえ」だったに過ぎず，表現の自由のために「戦前にはなかったなにかを積極的に新しく創設するという意欲をもっていたとは思えない」という見方がある[24]。確かに，新聞紙法に比べ，私行を除外する規定や表現媒体に関する限定がないなど，免責の範囲は戦前よりも拡大されている[25]が，刑法230条の2第1項は，「戦前の改正刑法仮案412条そのままであり，第

ズムⅣ　ジャーナリスト』30-31頁（時事通信社，1974）。
20　前田雅英『刑法各論講義〔第2版〕』132, 139-40頁（東京大学出版会，1995）。
21　浦部・前掲注（12）464頁。
22　最大判昭和44年6月25日刑集23巻7号975頁。
23　鈴木・前掲注（4）137頁。
24　奥平康弘『憲法裁判の可能性』167-68頁（岩波書店，1995）。
25　鈴木・前掲注（4）141頁。

2項,第3項だけが新しいものである」という指摘もある[26]。

　刑法230条の2の条文の構造を見ると,まず第1項で,①公共の利害に関する事実について(事実の公共性),②専ら公益を図る目的で(目的の公益性),③事実が真実であるとの証明(事実の真実性の証明)があったときは,処罰されないことを定めている。第2項では,逮捕された被疑者に関する報道など,公訴提起前の犯罪行為に関する事実は,公共の利害に関する事実とみなす,としている。そして,第3項では,公務員又は公選による公務員の候補者に関する事実の場合には,事実の公共性と目的の公益性の立証は不要で,真実性の証明があれば罰しないことが規定された。また,真実であるとの証明があったときに初めて無罪とされ,真偽が不明の場合は有罪となる。被告人が立証しない限り処罰されるので,挙証責任が転換されている[27]。摘示した事実の真偽は問わないのが原則であり,刑法230条の2で示された公共性,公益性,真実性の3要件が認められれば免責されるという構造になっている。

　しかし,表現の自由の保障と名誉権の保護との調整として,刑法230条の2の規定で本当に十分なのであろうか。真実性の証明は容易なものではなく,これを厳格に要求するならば,表現の自由に著しく不利な結果となる[28]。真実性を被告人側で立証するのは非常に難しいから,真実証明ができない場合に処罰されることを恐れ,発言を差し控える表現行為の萎縮効果が生じるとして,この規定には批判が強い[29]。この刑法230条の2は,名誉の保護の価値と表現の自

26　小野清一郎『名誉と法律』6－7頁(日本評論新社,1952)。
27　藤木英雄「事実の真実性の誤信と名誉毀損罪」法学協会雑誌86巻10号(1969)4頁では「疑わしきは被告人の利益に」という法則,つまり,犯罪成立についての挙証責任を国(検察官)に負わせる刑事法の一般原則に対する一大例外を認めたもので,「他人を批判する言論を行なう者の慎重さ,節度を要求しているのである」と指摘している。
28　長岡徹「表現の自由と名誉毀損」ジュリ増刊『憲法の争点〔第3版〕』106頁(1999)。
29　前田・前掲注(20)140頁。

第2節 相当性理論

由の価値とを類型的に衡量してその調整を企図したもので、アメリカ法に言う定義づけ衡量の考え方を法文に具体化しようという姿勢を示したと解される点で評価に値するが、真実性の証明をそのまま要求すれば、表現の自由に著しく不利になる[30]、という問題点があった。すなわち、報道した事実が真実と証明できなかった場合、あるいは真実と信じて報道したが結果的に誤報であった場合の処理が問題となる。表現の自由と名誉権の調整という観点から、表現者が摘示した事実を真実と証明できないが、事実を真実と誤信し、しかも誤信したことについて相当の理由がある場合にも名誉毀損の免責を認め得るか、という問題が残るのである。

刑法の学説では、真実性の証明に失敗した場合、①証明に失敗した以上、全て処罰、②事実だと信じた以上、全て無罪、③相当な根拠に基づくときだけ無罪——とする3つの見解が対立していた。①の見解だと、真実性を証明できなかった以上、いかなる根拠に基づいた言説であろうと処罰を免れ得ないため、表現の自由を無視するものと批判された。②の見解に従うと、軽率に真実だと誤信した場合も不可罰とするのは名誉権の保護に厚い230条を考えると行き過ぎ、ということになる。そこで、両説の帰結のほぼ中間に位置する③の結論が広く支持されていく[31]。

もっとも、名誉毀損的表現は実際には、言論・表現の自由との関わりで憲法的視点から論議されることがほとんどなかった[32]。最高裁判所も、1950年代までは「他人の名誉を毀損することは、言論の自由の乱用であつて、憲法の保障する言論の自由の範囲内に属するものと認めることができない[33]」と判示していた[34]。下級審では、真

---

30 芦部・前掲注（15）351-52頁。
31 前田雅英「名誉毀損罪の真実性の証明」法セ391号28-29頁（1987）。
32 芦部・前掲注（15）349頁。
33 最1小判昭和33年4月10日刑集12巻5号830頁。最大判昭和31年7月4日民集10巻7号785頁も同旨。
34 堀部政男「表現の自由と人格権の保護」伊藤正己編『現代損害賠償法講座2　名

実性の証明が不十分であっても真実であると誤信したことに相当の理由がある場合には故意を阻却する、として処罰を否定したもの[35]があったが、最高裁判所は、「その陳述する事実につき真実であることの証明がなされなかつたものというべく、被告人は本件につき刑責を免れることができない」と述べ、摘示した事実について真実性の証明がない以上、真実であると誤信していても故意を阻却しない、として名誉毀損罪での処罰を肯定していた[36]。

しかしながら、この解釈では表現の自由に萎縮効果を及ぼし、衡量の比重を余りにも名誉権の側に置くことになることから、1969年の『夕刊和歌山時事』事件判決[37]は判例を変更し、「相当性理論」を導入した[38]。 すなわち、最高裁判所は、「刑法230条ノ2の規定は、人格権としての個人の名誉の保護と、憲法21条による正当な言論の保障との調和をはかつたものというべきであり、これら両者間の調

誉・プライバシー』10頁（日本評論社，1972）は、最高裁判例の「名誉毀損は言論の自由の濫用であるから言論の自由の範囲外であるという定式は大いに問題とされなければならない」と批判する。判例の乱用理論の問題点については、尾吹善人「言論の自由と名誉毀損」マスコミ判例百選21頁（1971）参照。

35 大阪高判昭和25年12月23日判特15号95頁では、「実際上における証明の困難（真実と証明との間に存する不可避な間隙）との調和を図ることがむしろ法益保護均衡の目的に合致するものと解し得る」と、その理由を判示し、東京高判昭和31年2月27日高刑集9巻1号109頁では、真実であると信じたことに相当の理由がある場合について、「摘示者の単なる善意の誤認を許容するものではなく、その証明は不十分であつたが、摘示者が摘示事実を真実なりと信じたのは無理のないところであると、健全な常識に照らし合理的に首肯し得る程度の客観的な資料乃至情況がある場合でなければならない」と解している。

36 最1小判昭和34年5月7日刑集13巻5号641頁。

37 最大判昭和44年6月25日刑集23巻7号975頁。「判批」として、上村貞美「言論の自由と名誉毀損における真実性の証明──『夕刊和歌山時事』事件」憲法判例百選Ⅰ〔第5版〕142頁（2007）、浦部法穂「言論の自由と名誉毀損における真実性の証明──『夕刊和歌山時事』事件」憲法判例百選Ⅰ〔第4版〕144頁（2000）、平川宗信「記事内容の真実性に関する錯誤」メディア判例百選52頁（2005）、福田平「真実の証明による免責」マスコミ判例百選〔第2版〕46頁（1985）、木村靜子「名誉毀損罪における事実の真実性に関する錯誤」刑法判例百選Ⅱ〔第4版〕40頁（1997）。

38 芦部・前掲注（15）352頁。

第2節　相当性理論

和と均衡を考慮するならば，たとい刑法230条ノ2第1項にいう事実が真実であることの証明がない場合でも，行為者がその事実を真実であると誤信し，その誤信したことについて，確実な資料，根拠に照らし相当の理由があるときは，犯罪の故意がなく，名誉毀損の罪は成立しないものと解するのが相当である。これと異なり，右のような誤信があつたとしても，およそ事実が真実であることの証明がない以上名誉毀損の罪責を免れることがないとした当裁判所の前記判例（昭和33年（あ）第2698号同34年5月7日第1小法廷判決，刑集13巻5号641頁）は，これを変更すべきものと認める」と判示したのである[39]。真実性の証明をある程度緩やかに解することで，マス・メディアはその分だけ「ゆとり」がとれることになり，報道の自由の保障が手厚くなる[40]。この判例変更は，刑法230条の2で規定された真実性の証明による免責の不十分な点を補うために，大局的見地から一種の立法論的解決を解釈として打ち出したものである，と評価されている[41]。

39　奥平康弘『表現の自由とはなにか』138頁（中央公論社，1970）では，この判決について「一般に判例変更をなかなかおこなわない最高裁としては，画期的な判決であったといってよかろう」と評価している。

40　奥平康弘『表現の自由Ⅱ』225頁（有斐閣，1983）。なお，山元・前掲注（17）14頁では，公共情報に限って「真実性の抗弁」を認める現行刑法の原則には，違憲の疑いがあると指摘し，「立法論としては，名誉侵害行為に対する刑事制裁を廃止して，民事訴訟に一本化することを真剣に検討すべきである」と提案する。清水英夫「マス・メディアと名誉毀損」伊藤正己編『現代損害賠償法講座2　名誉・プライバシー』34頁（日本評論社，1972）では，世界の大勢は損害賠償を中心とする民法的保護に傾きつつあり，言論・報道の自由という見地から，なるべく刑事的規制は避けることが望ましいとして，「少なくとも，現行の刑法規定を重罰的に改めたり……するような企図は許されるべきではない」と主張する。

41　平川・前掲注（16）117頁，藤木・前掲注（27）2頁。なお，芦部・前掲注（15）353頁，松井・前掲注（4）113－14頁では，刑事上の名誉毀損に関する本判決は，「事実を真実であると誤信し，その誤信したことについて，確実な資料，根拠に照らし相当の理由があるとき」を免責の要件として説示しており，単に「事実を真実と信ずるについて相当の理由があるとき」とする民事上の名誉毀損よりも要件が厳しいと解する余地もあるが，判例を見る限り明確な違いはうかがわれず，刑法上の名誉毀損について特に要件を厳しくする趣旨とは解されていない，としている。

マス・メディアが常に全く落ち度なく取材をし尽くしたうえで報道することは困難であり、とりわけ、政治家や上級公務員、企業などについて厚い秘密の壁があることは周知の事実である[42]。一般日刊新聞の場合、刑事で名誉毀損の告訴がなされても、言論弾圧につながる恐れがあって検察官も慎重にならざるをえないことから、起訴にまで進む例はほとんどなく、大半が民事による損害賠償の請求訴訟というかたちで行われているのが実情である[43]。言論・報道の自由という見地からは、なるべく刑事的規制は避けられることが望ましく、世界の大勢も損害賠償を中心とする民法的保護に傾きつつある[44]。事実を真実であると誤信した場合、相当の理由があるときは名誉毀損罪で処罰しないとする判例変更は、少なくとも表現の自由に向けての「方向性」としては妥当なものであったと言えよう。

以上のような刑事上の名誉毀損に対し、民事上の名誉毀損は、民法709条、710条の不法行為として損害賠償責任の対象とされるが、民法には真実性の証明による免責規定がないため、下級審では戦後の早い時期から、刑法230条の2を参照することによって免責する判断枠組が形成されてきた[45]。例えば、1953年の福岡高裁判決[46]では、刑法230条の2の規定に則って真実性を証明した場合、不法行為責任はなく、あるいは真実性の証明がない場合でも、その事実を真実であると信じるについて相当の理由があったときは不法行為責任を免れる、としていた。1955年の東京地裁判決[47]も同旨である。この枠組について、学説でも積極的に捉える見解が見られた。

そして、最高裁判所は1966年、民事事件において「相当性理論」

---

42 平川宗信「名誉毀損罪と表現の自由」ジュリ653号52頁（1977）。
43 日本新聞協会編集部『取材と報道――新聞編集の基準』148頁（日本新聞協会、1980）。
44 清水・前掲注（40）34頁。
45 淡路・前掲注（3）51頁参照。
46 福岡高判昭和28年1月16日高民集6巻1号1頁。
47 東京地判昭和30年7月11日下民集6巻7号1397頁。

第2節　相当性理論

を示した[48]。すなわち、衆議院選挙に立候補し、落選した原告が学歴及び経歴を詐称して公職選挙法違反の疑いで警察から追及を受け、前科があったとした新聞報道について、「民事上の不法行為たる名誉棄損(ママ)については、その行為が公共の利害に関する事実に係りもっぱら公益を図る目的に出た場合には、摘示された事実が真実であることが証明されたときは、右行為には違法性がなく、不法行為は成立しない」としたうえで、「もし、右事実が真実であることが証明されなくても、その行為者においてその事実を真実と信ずるについて相当の理由があるときには、右行為には故意もしくは過失がなく、結局、不法行為は成立しないものと解するのが相当である（このことは、刑法230条の2の規定の趣旨からも十分窺うことができる。）」と判示したのである（「署名狂やら殺人前科」事件）。そして、本件では、「記事の内容は、経歴詐称の点を除き、いずれも真実であり、かつ、経歴詐称の点も、真実ではなかつたが、少くとも、被上告人〔新聞社〕において、これを真実と信ずるについて相当の理由があつた」として、不法行為たる名誉毀損の成立を否定した。

　刑法上の処理が社会的に正当と解される以上、民事責任をも免責させないと一貫しないから、民事上の名誉毀損を免責する場合にも刑法と同じ基本構造がとられた、と解されている[49]。本来、明文規定が全くないのに、民法709条の世界に刑法230条の2の規定に類似した免責特権制度を持ち込むのは、単なる法律的な解釈によってはできるものではなく、民法より上位の規範たる最高法規としての憲法に立ち戻ってはじめて、こうした解釈ができる、と考えられている[50]。相当性理論は、表現の自由に配慮した「定義づけ衡量」を明

48　最1小判昭和41年6月23日民集20巻5号1118頁。
49　神田・前掲注（3）183頁。
50　奥平・前掲注（24）171-72頁。三島宗彦「真実の証明と人格権侵害」伊藤正己編『現代損害賠償法講座2　名誉・プライバシー』154頁（日本評論社, 1972）では、判例の考え方の背後には、記事の正確性が要請されるものの、報道の迅速性に対する期待を重視する視点がある、とする。ただ、三島教授は、報道の正確性の要請を

確にした点で極めて注目に値する[51]，などとして学説の大勢の支持を受けている。

第2款　相当性理論の問題点

しかしながら，相当性理論は，名誉権の保護と表現の自由保障を憲法適合的に調整したものであろうか。憲法が名誉毀損的表現をどう保護しているのか，名誉権と表現の自由をどう調整しているのか，これまで明確な解答は見出せなかったという指摘[52]もあり，憲法の観点から相当性理論の問題点を考察する必要がある[53]。

判例は，相当性理論を認めたが，名誉毀損的な表現の自由にそれ以上の保護を与えなかった。つまり，マス・メディアの側がその表現が正当であることを証明しない限り保護されないのは当然だと考えられてきた。相当な根拠もなく表現すること自体は保護に値しないとして，ほとんどの学説もそれを支持してきた。例えば，マス・メディアが「その企業的性格に災されて，企業競争に勝抜くための方便として迅速性の要請に関心を移し始めて以来，ともすれば報道の正確性に対する関心は薄れざるをえなかった」との認識から，多少の誤報は報道機関として許容される，という潜在的な考え方を芽生えさせる傾向を助長するものが相当性理論であるとし，誤報の場合に報道機関が責任を問われても，それによってマス・メディアが筆を折ったり，賠償金負担で企業としての存立が危ぶまれたりといった弊害は予想されないから「刑法230条ノ2の趣旨を民事上にも推し及ぼすべきであるとする理由は見当たらない」とする見解[54]さ

　　重視し，判例・通説に反対している。
51　芦部・前掲注（15）353頁。
52　松井茂記「名誉毀損と表現の自由」山田卓生編集代表『新・現代損害賠償法講座2　権利侵害と被侵害利益』87頁（日本評論社，1998）。
53　相当性理論の問題点については，前田聡「名誉毀損における『相当性理論』の憲法的考察（1）（2・完）」筑波38号339頁，39号219頁（2005）。
54　三島・前掲注（50）155－61頁。

第2節 相当性理論

えある。

　しかし，相当性理論に疑問を投げかける学説も少なくない。相当性理論について，端的に「これでは，自己検閲を防ぎ，表現の自由を確保するには十分とはいえまい」と批判する見解[55]がまず注目される。真偽の判断は極めて困難であって，相当性理論では表現の自由を萎縮させないか，と指摘する見解[56]もある。「刑法230条の2第1項に対する新しい解釈は，表現の自由に配慮した定義づけ衡量を明確にした点ではきわめて注目に値する」と評価しながらも，「『現実的悪意（actual malice）』の法理と比べると，なお表現の自由の自己統治の価値を十分に活かしていないのではないか，という疑問も残る」と厳しい見方を示す見解[57]もある。

　相当性理論が，なお厳格すぎる基準であると捉える見方も有力である。この見解は，相当性理論を「一歩前進」とする一方で，真実性の証明の前提要件として公共性と公益性が必要とされているのであるから，「公共利害事実に関する公益目的の言論につき，その真実性に関し『確実な資料，根拠に照らし相当の理由』を要求することは，なお言論に対して厳しすぎる感を否定できないように思われる」と指摘している[58]。また，『夕刊和歌山時事』事件の最高裁判決が「確実な資料・根拠に照らし相当の理由があるときは」とするのは，現実的悪意の法理を参考にする立場からみて「厳格にすぎる[59]」として，「事実の真実性を一応推測させる程度の相当な合理的根拠・資料があり，それに基づいてなされた言論」に限り，真実でない情報も保護する必要性・有益性がある，と説く見解[60]や，相当性理論について「表現者側に立証責任がある点でなお疑問は残る」と

55　松井・前掲注（52）107頁。
56　阪本昌成「名誉・プライヴァシーの侵害と表現の自由」ジュリ959号40頁（1990）。
57　芦部・前掲注（15）353頁。
58　浦部・前掲注（37）144―45頁。
59　平川・前掲注（16）135頁。
60　平川・前掲注（16）87―88頁。

批判する見解[61]もある。

第3款　判例の厳格化傾向

　マス・メディアは，警察や検察と異なり，強制手続による調査権限を有しない。一般市民に比べると調査能力はあるが，相手に拒否されれば，それ以上，取材することはできない。マス・メディアが信頼性の高い資料・証言を基に裏付取材を重ね，正確性を高めるべきことは当然だが，入手できる事実には限りがあり，真実に迫ろうとしても迫りきれない限界がある。例えば新聞には，朝刊・夕刊ともに数回の締め切りがあるなど速報性も要求される。こうした制約の中，マス・メディアが誤報した場合に全て法的責任を負うことになると，名誉毀損訴訟を避けるため報道を差し控え，表現の自由を後退させる危険がある。そこで，相当性理論は，短時間に取材・編集するマス・メディアの実態を踏まえ，十分に調べたけれども客観的には誤りだった場合が往々にしてあることから，最高裁判決で名誉毀損法制に組み込まれた[62]。

　しかしながら，「相当の理由」とは，どのようなものをいうかが必ずしも明確ではない。最も頻繁に争われる犯罪報道において相当性理論は，その自由の範囲を画定する重要な基準になっていると言える[63]が，「相当の理由」という表現は抽象的で漠然としているから，個別の事件ごとに取材の経過・内容に即して判断されるべきものであり[64]，判例の集積を待たねばならない[65]，とされる。一般的に判例は，情報源が確かで裏付取材を行い，本人からも十分に取材していれば相当性を認め，情報源が不確かな場合や，裏付取材を怠ったり，本人に対する取材が不十分だったりした場合は，相当性を認めない

61　榎原猛ほか『新版　基礎憲法』96頁〔君塚正臣〕（法律文化社，1999）。
62　清水・前掲注（40）49頁。
63　大石泰彦『メディアの法と倫理』105頁（嵯峨野書院，2004）。
64　山川・前掲注（4）241頁。
65　福田・前掲注（37）47頁。

第2節　相当性理論

傾向がある，と言われている[66]。警察の公式発表に基づく記事の場合に相当性を認め[67]，非公式な情報提供に基づく場合や独自取材[68]の場合は相当性を認めないという原則を維持してきた，と見られている。

ただ，実際の裁判例では相当性を否定する判決が多い。相当性は包括的相対的な概念であり，その存否の判断は究極的には裁判官に委ねられるから，事件を担当する裁判官の価値観によって，ある程度の差が生じることは避けられない[69]。裁判官の直感的結論を理由づける，使い勝手の良い「道具」として重宝されてきた面も否定できないであろう。相当性理論の難点は，裁判官が名誉権の保護へ過度に傾き，「相当の理由」を厳格に解しうる点である。一般に裁判官は，取材に厳しい要求をして，相当性を容易に認めない態度をとっている，と解されている[70]。

こうした「厳格化」の判決としては，例えば，『下野新聞』事件[71]がある。最高裁判所は，捜査当局の公式発表前に発表権限のある刑事官に取材し，報道する了解を得ていても，当事者を「再度訪ねて取材する等，更に慎重に裏付取材をすべきであつた」とし，これをせず「たやすく本件記事の内容を真実と信じたことについては相当の理由があつたものということはでき」ない，と判断した。確かに，慎重な裏付取材が必要なことは，理論的にはその通りである。しかしながら，取材の実情からすると，刑事官の確認を得ていれば少な

66　松井・前掲注（4）114頁。
67　警察の公式発表があった場合でも，内容に明らかな疑いがあるのに，そのまま記事にした場合には相当性を認めない裁判例もある。例えば，大阪高判昭和60年6月12日判時1174号75頁。
68　独自取材の場合でも相当性を認めた判決がある。例えば，大阪地判昭和59年7月23日判時1165号142頁。
69　竹田稔『名誉・プライバシー侵害に関する民事責任の研究』15頁（酒井書店，1982）。
70　山川・前掲注（4）241頁。
71　最1小判昭和47年11月16日民集26巻9号1633頁。尾島茂樹「捜査当局の公の発表のない場合と相当性（1）——嬰児変死事件」メディア判例百選54頁（2005）参照。

くとも警察の見解としては,それ自体重みを持つ。当事者に対する取材は,法的な調査権のないマス・メディアには,拒否されるなどして時間的に容易でないことが多く,さらに慎重な裏付取材をしていたら,事件発生直後に報道できない可能性がある。社会通念上,取材した内容に明らかに疑う余地がある場合はともかく,本件に関しては,記事内容を真実と信じたことに「相当の理由があった」とすべきだったと思われる。

　また,スロットマシーン賭博機事件[72]において最高裁判所は,こうした厳しい姿勢を確認している。正式の警察発表はなかったものの,捜索・逮捕に随行して現場を目撃し,捜査官から情報を得て記事にしたが,真実と誤信したことに相当な根拠はなかった,と判断したのである。しかしながら,この判決についても疑問がある。最高裁判所は,警察の公式発表を重視するが,公式発表には警察が把握した事実全てを含むものではなく,捜査に有利な形で「加工」されている可能性もあることを看過している。マス・メディアは,警察の広報機関ではなく,正式発表に基づかないとしても,記者が現場に足を運んで記事化したことを考慮する必要があるのではないか。本件第1審判決[73]のように,単なる伝聞と異なり捜査現場での取材を踏まえたものであることを理由に相当性を認めるべきだったと言える。

　近時では,刑事事件の第1審判決が認定した事実について,真実と信じて摘示した場合,判決の認定に疑いを入れるべき特段の事情がない限り,原則として「相当の理由がある」とした民事事件の最高裁判決がある[74]。

---

[72] 最1小判昭和55年10月30日判時986号41頁。山下りえ子「捜査当局の公の発表のない場合と相当性（2）——スロットマシン賭博機事件」メディア判例百選56頁（2005）参照。

[73] 東京地判昭和50年5月22日判時794号79頁。

[74] 最3小判平成11年10月26日民集53巻7号1313頁。窪田充見「刑事第1審判決を資料とした場合の名誉毀損の成否」メディア判例百選60頁（2005）参照。

この事件は、電信電話会社の元社長が在職中、ネグリジェなど会社業務と関係のない買い物の領収書と引き換えに現金を受領するなどの方法で会社資金を着服したなどとして業務上横領罪で起訴され、第1審で一部有罪、一部無罪の判決を受けた事実について、私立大学法学部教授の刑法学者が第1審判決後に著書のなかで記述したことなどが名誉毀損による不法行為に当たる、として元社長が提訴したものである。刑事第1審が一部有罪とした会社資金の横領については控訴審判決で全て無罪となり、会社所有の美術品などを自宅に持ち帰った事実の一部のみが有罪とされ、その後、控訴審判決は確定した。

民事事件の原審[75]は、妻との海外旅行の支度金を会社に負担させたという記述（①の事実＝筆者の整理による、以下同じ）については、刑事第1審で無罪となった事実であり、会社で費用を負担するハイヤーを妻に自由に使用させるといった公私混同の行為を行っていたとする記述（②の事実）は、刑事第1審判決の量刑理由の中で述べられたにすぎない事実であることを理由に、それらの事実を真実と信じるについて相当の理由がない、と判示した。原審はまた、ネグリジェなど会社業務と関係のない買い物の領収書と引き換えに現金を受領したという記述（③の事実）は、刑事第1審で有罪となった事実であるが、被告は刑法学者であり、控訴されたことを知っていたのであるから、その事実を真実と信じるについて相当の理由がない、と判示した。

これに対し、最高裁判所は、「刑事第一審の判決において罪となるべき事実として示された犯罪事実、量刑の理由として示された量刑に関する事実その他判決理由中において認定された事実について、行為者が右判決を資料として右認定事実と同一性のある事実を真実と信じて摘示した場合には、右判決の認定に疑いを入れるべき特段

---

75 東京高判平成8年10月30日。

の事情がない限り，後に控訴審においてこれと異なる認定判断がされたとしても，摘示した事実を真実と信ずるについて相当の理由があるというべきである。けだし，刑事判決の理由中に認定された事実は，刑事裁判における慎重な手続に基づき，裁判官が証拠によって心証を得た事実であるから，行為者が右事実には確実な資料，根拠があるものと受け止め，摘示した事実を真実と信じたとしても無理からぬものがあるといえるからである」という判断を示した。そして，被告は，控訴審で第1審判決が覆される前に，第1審判決を資料として，摘示された事実を真実と信じて著書を執筆したと認めたうえで，第1審で有罪となった③の事実と，第1審判決の量刑理由の中で述べられた②の事実を認定し，第1審で無罪となった①の事実については，裁判で無罪となっても公私混同と非難されるような態様の事実を摘示したものであり，刑事判決の認定事実と同一性があるとし，この認定に疑いを入れるべき特段の事情はうかがわれないから，被告が刑法学者であり，控訴されたことを知っていたとしても，摘示した事実を真実と信ずるについて相当の理由がある，と判示した。

　後の控訴審で無罪になったとしても，刑事裁判の第1審判決を資料として，その認定事実と同一性のある事実を真実であると信じた場合に相当性を認めたことは，刑事判決の事実が慎重な手続と証拠によって認定されることから，一面では妥当なものと評価できる。しかしながら，係争中の事件について，ここまで厳格に事実を把握することを要求するのは疑問である。このことは，判例が警察の公式発表に基づくなら相当性を認め，非公式な情報提供に基づく場合や独自取材の場合は相当性を認めないという態度を取ってきたこととも通じるものがある。いわば，権威ある「御上（おかみ）」が認定・発表したものを正確に報じるなら名誉毀損となっても免責するが，民間の報道機関が独自に，あるいは非公式に取材したものは容易に信じがたいとする「二分法」的な発想が相当性理論の背景にあるように思

われる。

　最近の下級審判決も相当性について厳格な態度を見せている[76]。とりわけ，大原麗子対『女性自身』事件の東京高裁判決は，「民事私法の実定法上の規定もないのに，過去の判例により国民の知る権利に対応するため報道するマスメディアに」認められてきた「緩やかな免責法理」と，厳しい見方を示した[77]。判例において相当性理論は，厳格化の一途をたどり，特に2000年以降，顕著な傾向になったと言われている[78]。

　確かに，刑事上の名誉毀損では，罪の免責を判断するに当たり，刑法230条の2に基づく相当性理論が限界であり，それをはみ出す判断枠組を解釈によって採ることは，罪刑法定主義の観点から難しく，立法論を待つしかない[79]。しかしながら，民事上の名誉毀損には，不法行為法の故意・過失という一般的概括規定しかなく，刑法の規定を参照して判断する必然性はない。民法に規定がないにもかかわらず，刑法の免責3要件を検討して全てを充たす場合に不法行為上の名誉毀損責任を負わないという判例法理は，「法の創造[80]」の典型と言えなくもない。これは，三権分立の原則に反する恐れがあるものだが，国民の権利を擁護する積極的な作用を果たしている側面もある。適切な立証責任を吟味し，最近の保険金支払訴訟[81]において相次いで企業側に証明責任を転換したように，名誉毀損訴訟に

76　東京地判平成13年3月27日判時1754号93頁など。
77　東京高判平成13年7月5日判時1760号93頁。田島泰彦「芸能人の私生活を暴露する週刊誌記事と高額な損害賠償――大原麗子事件」メディア判例百選138頁（2005）参照。
78　飯室勝彦『報道の自由が危ない――衰退するジャーナリズム』130頁（花伝社，2004）。
79　梓澤和幸ほか「表現の自由とプライバシーの現状と課題」田島泰彦ほか編『表現の自由とプライバシー――憲法・民法・訴訟実務の総合的研究』337頁〔右崎正博発言〕（日本評論社，2006）参照。
80　奥平・前掲注（24）203頁。平川・前掲注（37）52頁では，憲法に依拠した「一種の判例による立法」という。
81　最2小判平成16年12月13日民集58巻9号2419頁，最1小判平成18年6月1日民集60巻5号1887頁。

おいても解釈論で証明責任の転換を図ることは可能であると思われる。表現の自由を手厚く保障する観点から，少なくとも国政などに影響を及ぼす「公人」の名誉毀損については，結果についての予測が付きにくいためメディアに萎縮効果をもたらす相当性理論を見直し，新たな判断枠組を検討していくべきと言えよう。

第3節　証明責任の転換

　刑事上の名誉毀損では，事実の真否に関する挙証責任は被告人側にあるとされ，真実性あるいは相当性を証明することができなかった場合，被告人が不利益を甘受せざるをえない。この点，学説には，「疑わしきは被告人の利益に」という刑事訴訟法の原則があるのに，合理的な根拠なく挙証責任を被告人に転換することは適正手続の保障に反するという見解がある[82]。挙証責任が被告人にあるとされていることは，憲法論的に検討されるべき課題を残している[83]。みだりに被告人に挙証責任を負わせると，被告人は罪を犯したから処罰されるのではなく，訴訟のやり方がまずかったから処罰されることになり，適正手続によらない処罰として，憲法31条に違反する疑いがある[84]。

82　佐伯仁志「名誉・プライヴァシーの侵害と刑事法上の問題点」ジュリ959号47頁（1990）。板倉宏「名誉毀損罪における『公共の利害に関する事実』の範囲――月刊ペン事件最判56・4・16を中心に」ひろば1982年1月号29頁では，名誉毀損罪を問う刑事訴訟においては，訴追者が立証するのが刑事訴訟法の原則だから，マス・メディアの「現実的悪意」を証明する責任は検察官にあると考えるべきである，と主張する。

83　佐藤幸治「表現の自由」芦部信喜編『憲法Ⅱ　人権（1）』508頁（有斐閣，1978）。

84　平野龍一『法律学全集43　刑事訴訟法』187頁（有斐閣，1958）。ここでは，例外的に，法が被告人に挙証責任を負わせている場合もあるが「被告人に挙証責任を負わせるのは，それ相当の実質的な理由がある場合でなければならない」と指摘している。平川・前掲注（16）85－108頁では，「自己検閲」を防止するため，相当な合理的根拠のある言論は，憲法21条に基づく「法令による行為」として刑法35条により行為の違法性が阻却され，「相当な根拠」の不存在は検察官に挙証責任がある，と

第3節　証明責任の転換

　これに対し，民事の不法行為法においては，前述したように，免責の証明責任を被告側に課す特別の規定はないにもかかわらず，判例によって刑法と同様の免責法理が確立している。被告が真実性・相当性の証明責任を負うことについて，刑事事件とは異なり，民事事件の場合，被害者救済に重点が置かれるべきであるから当然だ，という見解[85]が支配的である[86]。しかしながら，相当性の挙証責任を転換することを当面の課題にするべき，とする学説がある[87]。また，免責要件の立証責任を表現者側に負わせている現行法制は見直す必要がある，という主張もある[88]。下級審の裁判例にも，「不法行為規範が直接規定を設けているとはいえない事項については，その立証責任の分配は，公平の観点に立ち，立証の難易，……証拠との距離などをも考慮して定めるべきである」として，原告に証明責任

　　主張する。
85　三島・前掲注（50）150-51頁。
86　なお，企業責任や無過失責任の理論が強調されている現在，報道機関の側に真実性の誤認について非難すべき故意・過失が認められない場合でも，加害者の行為の結果として生じた損害は，結果責任として賠償責任を問うことが許される，という見解がある。三島宗彦『人格権の保護』272—74頁（有斐閣，1965）。この見解は，相当性理論について「現代の不法行為理論に照してやや時代遅れの感なきをえない」と批判し，報道機関が真実性を信頼したことで刑事上無罪とされるだけでなく民事上も免責されるとすれば報道の自由は保障され報道機関の立場は護られるが，マス・メディアと比べて頼るべき力を持たない弱者たる被害者の立場は浮かばれない，と主張している。

　　確かに，被害者救済を重視する考え方自体は，不法行為法の損害の填補を図る機能から見て肯けよう。しかし，自動車事故について，ほとんど常に運転手の過失を認め，従って実質的意味では無過失責任を認めるのと変わりないとして，交通事故と名誉毀損を同視しうるような議論を展開しているが，メディアの名誉毀損は交通事故とパラレルに考えられるものか疑問である。この見解は，「表現の自由ないし報道の自由，あるいは一般市民の『知る権利』の保障という観点とのかかわりを考えると，解釈上，無過失責任主義を採ることには，なお躊躇せざるをえない」（幾代通『不法行為』90頁（筑摩書房，1977））などと支持を集めることはできず，学説上も有力とならなかった。

87　高橋和之『立憲主義と日本国憲法』185頁（有斐閣，2005）。
88　長岡・前掲注（28）106頁。

を負わしたものがある[89]。

確かに，真実性の証明責任については，刑法を援用する判例の枠組があるだけで，不法行為法に規定がある訳ではない。「公平」という観点からも，表現者の側が全て証明責任を負い，表現対象者の側は全て責任を負わないとする枠組は再検討する余地がある。にもかかわらず，現在の判例法理は，原告がどういう立場の人物であるか，その属性をほとんど考慮せず，ほぼ同一の枠組であらゆる原告に証明責任を免れさせている。やはり，名誉毀損における表現の自由保障と名誉権保護との適切な調整を図る際に，原告の属性をクローズアップさせる必要があり，原告が単なる私人であるか，あるいは政府や社会において重要な地位を占める「公人」であるかは，1つの大きな判断要素となりうる。少なくとも，民事事件における「公人」の行為に対象を限定したうえで，証明責任の転換を検討していくべき時期に来ているのではなかろうか。証明責任の転換について，活発な論議が行われていない現状は，表現の自由を手厚く保障する観点から見過ごすことはできないように思われる。

第4節 小 括

本章では，歴史的に名誉毀損法は，公人批判に対する抑圧手段として意味を有し，第2次世界大戦後，表現の自由を保障した日本国憲法に適合するように刑法230条の2が付加され，1960年代に表現の自由保障を一歩進めるために相当性理論が導入された経緯を見た。しかしながら，こうした表現の自由を重視した経緯があったにもかかわらず，相当性理論に対しては，学説から厳しい批判が相次いでいる。とりわけ，「相当の理由」という抽象的な表現が問題にされている。判例は，情報源の確かさや裏付取材の有無などによって相当

---

[89] 東京高判平成6年9月22日判時1536号37頁。安次富哲雄「判批」判評444号189頁（1996）。

性を認めるか認めないかを判断してきたと見られるが，実際の裁判例では，取材に対して厳しい要求をして相当性を容易に認めない傾向を強めている，と言われている。このような「厳格化」の流れが確立してしまうと，表現の自由に対して萎縮効果をもたらすことは否定できないであろう。

そこで，名誉毀損の対象者が公人か私人かによって取り扱いを区別し，公人に関する名誉毀損については表現の自由を手厚く保障する観点から，相当性理論を見直し，これまで表現者に課されてきた立証責任を転換することに代表されるような，新たな枠組を検討していくべきであるとの方向性が導き出された。

この点，第2章及び第3章において詳しく見るように，アメリカでは，公共性の高い公人に関する名誉毀損報道について，原告に「現実的悪意」の立証責任を負わせるという判例法理が確立している[90]。イギリスのコモン・ローの伝統を受け継ぐアメリカでは，文書名誉毀損 (libel)[91]に対し，原告は現実的損害の証明なく賠償を請求することができ，被告は真実性を証明するか，免責特権が認められる場合を除いて，責任を負わされていた[92]。しかし，連邦最高裁判所は1964年の New York Times Co. v. Sullivan[93]で，名誉毀損的表現が一切保護されないという判例を変更し，「現実的悪意の法理」を導入した。この法理は，伝統的な名誉毀損法を憲法レベルにまで発展させ，原告が虚偽性だけではなく「現実的悪意」まで証明しなければならないという立証責任の転換は，マス・メディアに大きな利益をもたら

---

[90] 松井・前掲注（10）「名誉毀損（3）」29頁。アメリカにおける表現の自由をめぐる歴史については，さしあたり，奥平康弘『「表現の自由」を求めて——アメリカにおける権利獲得の軌跡』（岩波書店，1999）参照。

[91] コモン・ロー上の名誉毀損には，文書による libel，口頭による slander の2類型がある。

[92] 松井茂記『アメリカ憲法入門〔第5版〕』171頁（有斐閣，2004）。

[93] 376 U.S. 254 (1964)〔以下，Times 判決と表記する〕．本判決について邦文では，本書第2章第1節で示した諸文献を参照。

した[94]。Times判決は,「現代不法行為法の歴史において被告が勝ちとった,文句なしに最大の勝利」と受け止められ[95],「アメリカの歴史を変えた」とまで言われた[96]。実際,1970年代初めに起きたウォーターゲート事件[97]では,この判決がなければ,マス・メディアは報道内容が真実と確信していたとしても,取材源秘匿などの制約があり,全てが真実と立証できなかったであろうから,報道を避けていた可能性がある。しかし,この判決があったために,マス・メディアは現職の大統領の関与などをめぐってスクープを連発し,大統領は名誉毀損訴訟を提起することなく辞任した。

次章では,日本における名誉毀損法の新たな枠組の手がかりを得るために,アメリカにおいて現実的悪意の法理が採用された経緯及びその後の展開について詳述する。

---

94 日本新聞協会研究所編・前掲注 (9) 106-07頁。
95 佐藤幸治「表現の自由」川又良也編『総合研究アメリカ4 平等と正義』177頁(研究社, 1977)。
96 喜田村洋一『報道被害者と報道の自由』46頁(白水社, 1999)。鈴木秀美「情報法制——現状と展望」ジュリ1334号145頁(2007)では,「これに比べると,日本の名誉毀損法は報道機関に対して厳しすぎるという問題がある。日本では,政治家でも報道機関を名誉毀損で訴えて容易に損害賠償を得ることができるため,報道機関による権力監視機能がアメリカほどには発揮されていない」と指摘する。
97 民主党本部に侵入して盗聴装置を仕掛けようとした事件。ボブ・ウッドワード,カール・バーンスタイン『大統領の陰謀 ニクソンを追いつめた300日』常盤新平訳(立風書房, 1974)参照。

第2章　アメリカ連邦最高裁における現実的悪意の法理の採用と展開

第1節　はじめに

アメリカ連邦最高裁判所[1]は，1964年の New York Times Co. v. Sullivan[2]において，「公職者（public official）」がその職務に関して名誉を毀損された場合，表現者の「現実的悪意（actual malice）」を立証しない限り損害賠償を得ることができないという「現実的悪意の法理[3]」を宣言した。この法理は，公的論点に関する自由で活発な議論を促すため，憲法修正第1条の観点から表現の自由を手厚く保護するものである。

ただ，その後の判例の集積によって現実的悪意の意味は明らかにされていったが，人的対象についての判断は必ずしも明確であると

1　以下，特に断りのない限り本章及び第3章において「最高裁判所」は，アメリカ連邦最高裁判所のことをさす。
2　376 U.S. 254 (1964)〔以下，Times 判決と表記する〕．本判決について邦文では，久保田きぬ子「New York Times Co. v. Sullivan, 376 U.S. 254 (1964)——Libel と言論の自由」[1965] 米法139頁，塚本重頼「アメリカ法における公務員に対する批判と名誉毀損——ニューヨーク・タイムズ事件を中心として」曹時18巻4号1頁 (1966)〔『英米法における名誉毀損の研究』(中央大学出版部，1988) 所収，298頁〕，山川洋一郎「報道の自由と名誉毀損——ニューヨーク・タイムズ事件判決とその後の発展をさぐる」ジュリ443号83頁 (1970)，堀部政男「New York Times Co. v. Sullivan　名誉毀損と言論の自由」英米判例百選〔第3版〕50頁 (1996)，奥平康弘『ジャーナリズムと法』183頁（新世社，1997）参照。
3　現実的悪意の法理については，本書第1章第1節に示した諸文献を参照。この法理は，刑事名誉毀損にも適用されたが，アメリカの判例において主に民事名誉毀損が問題になっていることから，本書でも民事訴訟を前提に考察する。

は言いがたい。現実的悪意の法理の人的対象は,公職者だけでなく「公的人物 (public figure)」にも拡大されたものの,どこまでが公的人物であるのか,「公人 (public person)」と「私人 (private individual)」を区別するのは何なのかについては,はっきりしない部分が少なからず課題として残されている。

　本章では,現実的悪意の法理についての最高裁判例を手がかりに,アメリカにおける憲法的な名誉毀損法の展開と課題を検討する。もちろん,名誉毀損法制の異なるアメリカの議論が日本にそのまま妥当する訳ではない。しかしながら,表現の自由保障と名誉権保護の調整は日米共通の課題であり,メディア最先進国とも言われ,先例の豊富なアメリカの判例法理を分析することは日本にも有益であると思われる。加えて,現実的悪意の法理が射程とする「公人」の範囲に関しては,これまで余り正面から論じられてこなかった[4]。そこで本章では,New York Times Co. v. Sullivan 以降の判例を類型的に分析し,名誉毀損の成立要件の変遷を辿ったあと,判例の中から公人／私人の区別の基準を読み取っていくことにする。

第2節　名誉毀損成立要件の変遷

第1款　コモン・ロー

　アメリカにおいて表現の自由を重視した憲法的名誉毀損法が展開されたのは,第2次世界大戦後,20年近くたってからである。

---

[4] 現実的悪意の法理の射程を詳細に検討したものとして,松井茂記「名誉毀損と表現の自由――憲法的名誉毀損法の展開に向けて (1)―(4・完)」民商87巻4号37頁,5号26頁,6号13頁,88巻1号51頁 (1983),清水公一「アメリカ合衆国における憲法法理としての名誉毀損法の展開――『現実の悪意 (actual malice)』の法理の新展開」慶応義塾大学法学政治学論究2号227頁 (1989) 参照。「公人／私人」に焦点を当てたものとして,喜田村洋一『報道被害者と報道の自由』5頁 (白水社, 1999) 参照。

もともと，イギリスのコモン・ロー（common law）の上に展開されていたアメリカの名誉毀損法[5]では，名誉毀損的な表現は表現の自由の保護を受けないものと考えられていた。名誉権の保護に重きが置かれた，1964年以前のコモン・ローにおける名誉毀損の特徴を概観[6]すると，原告は名誉毀損的言説であることを示せばよく，言説の虚偽性や表現者の故意・過失は立証する必要がなかった。反対に，被告の表現者は，故意・過失・無過失にかかわらず言説の真実性を立証する厳格責任（strict liability）を負わされた。厳格責任が原則であるから，免責される場合を表現者が言説の真実性を立証した場合（真実性の抗弁）などに限定していた。

最高裁判決でも1942年のChaplinsky v. New Hampshire[7]において，名誉毀損的表現は，猥褻表現などとともに，治安紊乱を引き起こしがちなものであるとして表現の自由が保護する範囲の外にある，と判断された[8]。その趣旨は，1952年のBeauharnais v. Illinois[9]でも確認された。

第2款　New York Times判決とそれ以降

1964年のNew York Times Co. v. Sullivan[10]は，こうしたアメリカにおける名誉毀損法を変更し，名誉毀損的表現にも憲法修正第1条の保護が及ぶことを明らかにした。公職者の職務行為に対する批判については，文書名誉毀損（libel）訴訟の原告が，被告に現実的悪意の

5　松井・前掲注（4）「名誉毀損（1）」53頁。本書第1章第4節でふれたように，コモン・ロー上の名誉毀損には，文書によるlibel及び口頭によるslanderの2類型があるが，本書において名誉毀損はlibelのことをいう。アメリカの名誉毀損法を概説したものとして，塚本・前掲注（2）『英米法における名誉毀損の研究』参照。

6　Ingber, *Defamation: A Conflict Between Reason and Decency*, 65 VA. L.REV. 785, 797-800 (1979).

7　315 U.S. 568 (1942).

8　*Id.* at 571-74.

9　343 U.S. 250 (1952).

10　376 U.S. 254 (1964).

あったことを証明しない限り、損害賠償を得ることが禁じられたのである。

事件は、アラバマ州モンゴメリー市で起きた学生運動をきっかけに、南部の公民権運動への支援を呼びかける1960年3月29日付New York Times の意見広告が問題になったものである。同市の警察などを監督する公選の委員（commissioner）Sullivan は、広告の撤回を求めたが、Times 社が要求に応じなかったため、州の裁判所に損害賠償請求訴訟を提起した。コモン・ロー上の名誉毀損法理によると、人の社会的評価を低下させる文書は現実の損害の証明がなくても名誉毀損が成立するとされていたうえ、公民権運動の指導者・キング牧師の逮捕回数など記述の一部に誤りがあって真実性の抗弁もできなかったことから、第1審のモンゴメリー郡巡回裁判所では新聞社が敗訴し、請求通りに50万ドル（当時のレートで1億8,000万円）という極めて高額の損害賠償を命じる判決が下った。アラバマ州最高裁判所は、この判断を認容した。しかしながら、裁量上訴を受理した連邦最高裁判所は、これまでの判例を修正し、Times 社を勝訴させたのである。

最高裁判所は、名誉毀損的表現が一切保護を受けないという立場を斥けた。むしろ「公的問題に関する討論は、制約されず、力強く、かつ広く開かれているべきであり、政府及び公職者に対する激しく、辛辣で、時には不快なほど鋭い攻撃を含んでもよい[11]」という原則を強調する。そして、「自由な討論において誤った言説は不可避であり、表現の自由が『生き残ることに……必要とする』ところの『息をつくスペース（breathing space）』を持つためには、それは保護されなければならない[12]」と述べた。被告が立証責任を負う真実性の抗弁では、立証の難しさや裁判費用がかさむことから、公職者への批判が真実であると確信していても、公表を控えるようになってし

---

11 *Id.* at 270.

12 *Id.* at 271-72.

まう可能性がある。これでは、公的討論の活力をそぎ、その多様性を制限することになるため、憲法修正第 1 条と憲法修正第14条に矛盾するという。それ故、最高裁判所は、「公職者は、自らの職務行為に関する名誉毀損的虚偽表現に対して、その言説が『現実的悪意』をもって——すなわち、それが虚偽であることを認識して、あるいは虚偽か否かを無謀にも無視して——なされたことを立証しない限り、損害賠償を得ることが禁じられる。これは憲法上の保障が要求する連邦のルールである[13]」と宣言し、結論として、原告の公職者 Sullivan の主張を認めたアラバマ州最高裁判所の判決を破棄、差戻した。

それまで、被告である表現者が真実性の立証責任を負担していたが、原告が公職者で、公務に関する表現をめぐる争いの場合、原告が虚偽性の立証責任を負い、しかも現実的悪意まで立証しなければならなくなったのである。これが「New York Times 判決の法理」、あるいは「現実的悪意の法理」と呼ばれるものであり、不法行為法の一部として州の裁判所に委ねられていた名誉毀損事件が「憲法化 (constitutionalize)」する契機となった[14]。

Times 事件は、市の委員という公職者が職務行為への批判に対して提訴したものである。この判決は、公人による「公的関心事 (matter of public concern)」、すなわち「公人／公的関心事」の類型での責任基準を明らかにしたと言えよう。その後、最高裁判例においては、名誉を毀損された者が「公人」か「私人」か、表現内容が「公的関心事」か「私的関心事」か、これら 4 要素の組み合わせによって名誉権の保護と表現の自由を調整する枠組が展開されていくのである[15]。

13　*Id.* at 279-80.

14　*See* Ingber, *supra* note 6, at 801.

15　*See The Supreme Court, 1984 Term: I. Constitutional Law*, 99 HARV. L. REV. 120, 222-23 (1985).

Times 判決以降の10年間は、現実的悪意の法理の適用対象をめぐる論点について、判断が積み重ねられた。

まず、1964年の Garrison v. Louisiana では、表現の自由に必要な「息をつくスペース」のためには、自由な討論において不可避な誤った言説は保護されなければならない、という Times 判決を引用したうえで、現実的悪意の法理が刑事名誉毀損にも適用されることが明らかにされ[16]、現実的悪意が認められない公職者に関する名誉毀損的表現は、憲法修正第1条の保障対象であることが確認された[17]。

次に、世間の耳目を集めた犯罪で被害に遭った家族が起こしたプライバシー侵害訴訟である1967年の Time, Inc. v. Hill[18]は、本件原告の犯罪被害者家族が公的人物に該当するかどうかには疑問があったにもかかわらず、現実的悪意の法理の適用を認め、公的関心事についての報道には現実的悪意の証明が必要である、と判断した[19]。原告が公人でなくても公的論点に関する問題ならば、すなわち「私人／公的関心事」の類型には、現実的悪意の法理が適用されうることが示唆されたのである。

続いて、同じく1967年、一緒に下された Curtis Publishing Co. v. Butts[20]及び Associated Press v. Walker[21]では、現実的悪意の法理の対象が「公的人物」にまで拡大された。前者は、民間団体である州体育協会に雇用されていた、ジョージア大学の体育監督（athletic director）で著名な元フットボール部ヘッドコーチが原告となり、後者は、政治活動に関与していた退役陸軍将軍が訴訟を提起した。事

16　379 U.S. 64, 67 (1964).
17　*Id.* at 74-75.
18　385 U.S. 374 (1967).
19　*Id.* at 388-91.
20　388 U.S. 130 (1967).
21　388 U.S. 130 (1967). 両判決について、堀部政男「Curtis Publishing Co. v. Butts; Associated Press v. Walker, 388 U.S. 130 (1967)——公人に対する libel と言論の自由」米法1969Ⅰ、64頁参照。

案の処理に関しては裁判官の意見が分かれたものの、両事件の原告は、その立場を規範的に見て公的人物として特徴づけられうる、とされた[22]。前者は、他大学とのフットボールの試合で不正が行われていた、とする報道をめぐる事件であり、後者は、ミシシッピ大学構内での集団暴動に関する報道をめぐる事件である。双方とも、公衆が正当で重要な関心を持つ問題であると見うることから、「公人／公的関心事」の類型に該当すると言えよう。

さらに、1971年のRosenbloom v. Metromedia, Inc.[23]においては、多数判事の支持を得た法廷意見（opinion of the Court）ではなく、3人の裁判官による相対多数意見（plurality opinion）だったものの、原告が猥褻雑誌を販売した容疑などで逮捕・起訴された後、無罪判決を受けた無名の出版物卸売業者という「私人」でも、猥褻出版物の規制問題という公的関心事に関する表現に対して、現実的悪意の法理の適用を認めた。「私人／公的関心事」の類型である本件において、同法理の適用で重要なのは原告の地位ではなく、論点が公共の利害に関するか否かである、と判断したのである（いわゆる「公的関心事のテスト」）。

しかし、1974年のGertz v. Robert Welch, Inc.[24]は、Rosenbloom事件の相対多数意見において現実的悪意の法理の射程を拡大した「公的関心事のテスト」を否定し、「私人／公的関心事」の類型では現実的悪意の法理が適用されないことを示した。

本件は、シカゴの警察官に射殺された被害者の遺族が、警察官に対する民事訴訟において、一定程度著名な弁護士Gertzを代理人に

---

[22] *See* Ingber, *supra* note 6, at 805-06. 松井・前掲注（4）「名誉毀損（3）」18頁では、「基準という点でみれば、五人の判事が少なくとも『公的人物』へのNew York Timesルールの適用を承認したことになった」と指摘している。

[23] 403 U.S. 29 (1971).

[24] 418 U.S. 323 (1974)［以下、Gertz判決と表記する］. 堀部政男「Gertz v. Robert Welch, Inc., 418 U.S. 323 (1974)——ニュース・メディアの表現の自由と私的個人の名誉の保護」米法1976 I、114頁参照。

選任したところ，殺人事件について「捏造（FRAME-UP）」であり，その首謀者が共産主義者のGertzである，という誤った記事を反共極右団体の月刊誌American Opinionが掲載したことから，Gertzが名誉毀損の訴えを起こしたものである。

最高裁判所は，本件の主要な争点は「公職者でも公的人物でもない私人[25]」に関する名誉毀損的言説に対し，表現者が憲法上の免責特権を主張できるか，すなわち，Times判決の法理が認められるかどうかである，と判断した。公人は，社会の出来事で特別顕著な役割を引き受け，公的論争の最前線に自らを投げ入れた故に，自らに関する名誉毀損的虚偽の侵害，批判的言論の増大したリスクに対して自発的に身をさらすという「危険負担」をしているし，誤った言説に反論するためマス・メディアにアクセスする能力を有している[26]から，言論には言論で対抗するという原則が妥当し，Times判決の法理が適用される。これに対し，私人は，公職を引き受けたことも名誉を保護する利益を放棄したこともないし，公人よりも侵害に傷つきやすく名誉を保護する要請が強いから，Times判決の法理は適用されず，異なる基準が必要となる[27]。従って，最高裁判所は，原告が私人の場合，名誉に対して明白に重大な危害となるような名誉毀損的言説には，州は無過失責任（liability without fault）を課さない限り，適切な責任基準を規定しうる，と判示した[28]。コモン・ローの厳格責任を表現者に負わすと萎縮効果が大きいため，「私人／公的関心事」の表現については「過失（fault）」の立証を要する。過失責任が私人に関する名誉毀損の責任原則になったのである。

ただし，最高裁判所は，懲罰的損害賠償は現実的悪意の立証がある場合に限られ，その立証がない場合には現実の損害に対する賠償

---

[25] *Id.* at 332.
[26] *Id.* at 344-45.
[27] *Id.* at 343-45.
[28] *Id.* at 347-48.

のみを命じうる、と判断した[29]。Rosenbloom 事件の相対多数意見によって示された「公的関心事のテスト」については、名誉の保護を容認できない程度にまで制限し、個別事例ごとに公的関心事に該当するかどうか決定することを裁判官に強いるという余分な難問を引き起こすから採用できない、と述べた[30]。

このようにして Gertz 判決以降、原告が公人か私人かを区別することが決定的に重要になった[31]。「公人／私人のテスト」とも呼びうる、この Gertz ルールは、1976年の Time, Inc. v. Firestone[32]、1979年の Hutchinson v. Proxmire[33]及び Wolston v. Reader's Digest Ass'n, Inc.[34]において確認された。

第3款　複合テスト

1985年の Dun & Bradstreet, Inc. v. Greenmoss Builders, Inc.[35]は、相対多数意見ではあるものの、Rosenbloom 事件の相対多数意見[36]において導入された「公的関心事のテスト」を14年ぶりに再び導入した。名誉毀損的表現に関して、最高裁判所は、原告の地位ではなく表現内容が問題である、という基準を踏襲したのである。本件は、建設業

29　*Id.* at 349-50.
30　*Id.* at 346.
31　*See* MARC A. FRANKLIN & DAVID A. ANDERSON, MASS MEDIA LAW 289 (5th ed. 1995).
32　424 U.S. 448 (1976).
33　443 U.S. 111 (1979).
34　443 U.S. 157 (1979).
35　472 U.S. 749 (1985). 本判決について邦文では、紙谷雅子「Dun & Bradstreet, Inc. v. Greenmoss Builders, Inc., 472 U.S. 749, 105 S. Ct. 2939 (1985)――私人に関わる私的関心事に関する名誉毀損となる虚偽の叙述は懲罰的損害賠償に現実の悪意の立証を必要とする公的関心事ではないとした事例」米法1987Ⅱ、412頁、藤倉皓一郎「アメリカにおける名誉毀損に対する懲罰的損害賠償の機能」田中英夫先生還暦記念『英米法論集』496頁（東京大学出版会、1987）、北岡守「名誉毀損法と修正第一条――最近のアメリカ連邦最高裁の判例を中心として」青法29巻2号95頁（1987）、宮原均「誤情報の提供と名誉毀損――ダン・アンド・ブラッドストリート事件合衆国最高裁判決を中心に」クレジット研究11号151頁（1994）参照。
36　Rosenbloom v. Metromedia, Inc., 403 U.S. 29, 43-44 (1971).

者が自己破産したという虚偽の情報を信用調査会社 Dun & Bradstreet が 5 人の契約者に提供したことで名誉を毀損された，として建設業者 Greenmoss Builders がヴァーモント州の裁判所に提訴した事件である。

裁量上訴を受理した連邦最高裁判所における 3 人の裁判官による相対多数意見は，まず本件の争点として，「私人／公的関心事」の類型における Gertz ルールが「公的関心事にかかわらない虚偽かつ名誉毀損的言説に適用されるかどうかである[37]」と指摘した。そして，相対多数意見は，Gertz ルールは公人が起こした文書名誉毀損訴訟における憲法修正第 1 条と名誉保護との調整である，と位置づけたうえで，私人は名誉毀損的言説の危険に自ら進んで身をさらしておらず，批判的言論に反論する機会にも恵まれていないから，州には私人の名誉を保護する強い理由がある，と述べ，私的関心事に関する言論には憲法上の保護がより少なく，「憲法修正第 1 条の保護の核心」は公的関心事についての言論である[38]，と論じた[39]。最高裁判所は，本件の自己破産情報が 5 人の契約者に限定され，他には漏らさないことが契約によって定められていたことから，公的関心事には当たらず[40]，Gertz ルールの適用はない，と判断した。公的関心事ではない言論は憲法的価値が低いという見地から，最高裁判所は，「名誉毀損的言説が公的関心事にかかわらない場合，『現実的悪意』の立証を欠く名誉毀損訴訟において，推定的及び懲罰的損害賠償を認めることは憲法修正第 1 条に違反するものではない[41]」という結論を下した。

37　472 U.S. at 751.

38　*Id.* at 756-59.

39　Connick v. Myers, 461 U.S. 138, 147-48（1983）では，公的関心事かどうかは記録全体によって言説の内容，形式及び文脈で決定される，と基準の明確化に努めている。

40　472 U.S. at 761-62.

41　Id. at 763.

Gertz 判決のような「私人／公的関心事」の類型だけでなく,「私人／私的関心事」の類型でも現実的悪意の法理は適用されないことが確認されたのである。この相対多数意見は,原告が公人か私人かを判断する「公人／私人のテスト」と,問題の事実が公的関心事か否かを判断する「公的関心事のテスト」を組み合わせた,いわば「複合テスト」を示した点が注目される。

他方, 1986年の Philadelphia Newspapers, Inc. v. Hepps[42]は,「私人／公的関心事」の類型である。本件は,軽飲食物販売店チェーン関連会社の主要株主である原告 Hepps が,組織犯罪と関係があることを利用して州政府などから特別扱いを受けた疑いがある,と被告の発行する新聞 Philadelphia Inquirer に報じられたため, Hepps が発行会社などを相手取り,ペンシルヴァニア州の裁判所に名誉毀損訴訟を提起したものである。

裁量上訴を受理した連邦最高裁判所は,憲法修正第1条に適合するためにコモン・ローを作り変えうる「2つの力」として,「原告が公職者もしくは公的人物か,又は私人か」と「問題になっている言論が公的関心事であるかどうか」を挙げ,名誉毀損訴訟が「公人／公的関心事」の類型である場合,マス・メディアから損害賠償を得るには,コモン・ローよりもかなり高い条件,すなわち,被告の現実的悪意が憲法によって要求されるが, Gertz 判決のような「私人／公的関心事」の類型の場合,憲法の要求は「公人／公的関心事」の場合ほど厳しいものではなく, Dun & Bradstreet 判決のような「私人／私的関心事」の場合はコモン・ローの特色の変更を強いるわけではない,と指摘した[43]。原告は私人であり,言論内容の新聞記事は

---

42 475 U.S. 767 (1986). 本判決について邦文では,紙谷雅子「Philadelphia Newspapers, Inc. v. Hepps,──U.S.──, 106 S.Ct. 1558 (1986) ──新聞が公的関心事について公表し,名誉を毀損したならば,私人たる原告は,被告の faults のみならず,叙述の虚偽性を立証しなければ,損害を回復できない」米法1987 I, 217頁,藤倉・前掲注 (35) 498頁,北岡・前掲注 (35) 99頁参照。

43 *Id.* at 775.

公的関心事であることから，本件は「私人／公的関心事」の類型に当たる。この類型において，最高裁判所は，真実性の立証責任を被告が負担するという虚偽性に関するコモン・ローのルールを修正し，私人たる原告が損害を回復するには，被告の過失についての立証責任を負うだけでなく，言説が虚偽であることについての立証責任をも負うことを憲法が要求している，と判示した[44]。本判決は，真実の言論を保護してマス・メディアの萎縮効果を防ぐという憲法の要請をみたすため，虚偽性の立証責任を被告から原告に転換させた点に意義がある。

なお，「公人／私的関心事」の類型は，これまでのところでは最高裁判決は見当たらない。この場合は，名誉毀損というよりプライバシー侵害とされる[45]。

こうして固まった名誉毀損に関する判例法理の基本的枠組は，およそ以下の通りである。

まず，原告が公人か私人かを判断する「公人／私人のテスト」がある。これに，問題の事実が公的関心事か否かを判断する「公的関心事のテスト」が加わる。この2つのテストの組み合わせ「複合テスト[46]」によって，現実的悪意の法理を適用するかどうか決定される。原告が公人（公職者あるいは公的人物）で，表現内容が公的関心事の場合，この法理が適用され，原告は表現者の現実的悪意を立証しなければならない。原告が私人の場合，現実的悪意の法理は適用されず，被告に何らかの過失がある限り，州は自由に責任基準を決定できる。ただし，この場合でも，原告には虚偽性の立証が必要となる。

---

44 *Id.* at 776.

45 *See* W. Page Keeton, Dan B. Dobbs, Robert E. Keeton & David G. Owen, Prosser & Keeton on the Law of Torts 807-08 (5th ed. 1984) [以下 Prosser & Keeton として引用する].

46 紙谷・前掲注（42）219頁では，「公的人物／私人と公的／私的関心事という2つの基準は，類語反復的記述であり，基準としての有益性には疑問がある」と指摘している。

州は，被告に現実的悪意があったことを証明できない限り，原告が現実に被った損害以外の賠償を命じることはできない。

また，現実的悪意の意味は，Garrison v. Louisiana において明らかにされ，裁判官 Brennan は，「おそらく虚偽であろうことの高度の認識[47]」と極めて厳格に解釈した。St. Amant v. Thompson[48]においては，現実的悪意についての解釈が問題となり，「無謀な無視（reckless disregard）」の意味が明らかにされた。すなわち，最高裁判所は，「被告が自らの公表したことの真実性について重大な疑問を実際に抱いていた，という結論を認めるのに足る十分な証拠がなければならない。このような疑問をもって公表することが，真実性又は虚偽性に対する無謀な無視を示し，現実的悪意の証拠となる[49]」と判示し，真実性について重大な疑問を実際に抱きながら，あえて公表することが「無謀な無視」に当たることを示した。この立場は，Time, Inc. v. Pape[50]において確認された。

第3節　公人と私人

第1款　区別の基準

複合テストを前提にしても，原告が公人かどうかで保護の程度が大きく異なることから，公人と私人の区別が極めて重要であることは間違いない[51]。原告が公人ならば，表現者に現実的悪意のあったことを原告が立証するという極めて重い負担が課せられる。これに対し，原告が私人ならば，表現者に過失があったことを立証さえす

47　379 U.S. 64, 74 (1964).
48　390 U.S. 727 (1968).
49　*Id.* at 731.
50　401 U.S. 279 (1971).
51　FRANKLIN & ANDERSON, *supra* note 31, at 308. 公人と私人の区別は，裁判所が連邦法の下で解決すべき問題であるとされている。

ればよく,懲罰的損害賠償を得ようとするときのみ現実的悪意を証明することが求められているにすぎない。

最高裁判所は,「名誉毀損の原告を区別することは困難ではない[52]」と論じる。そして,公人に関して,「公職者と公的人物は,自らに関する名誉毀損的虚偽の侵害の増大したリスクを自発的に負担した[53]」と指摘したり,「成功して名を馳せた,あるいは公衆の注目を集めようとする活動力や出世の故に……分類された人々[54]」と定義づけたりするとともに,「公職者と公的人物は通常,有効なコミュニケーションの経路〔マス・メディア〕にかなり大きなアクセス能力を持ち,従って通常,虚偽の言説を打ち消す現実的な機会を私人よりも多く持っている[55]」と判断している。他方,私人について,最高裁判所は,「侵害に対して,より傷つきやすく,私人を保護する州の利益〔名誉保護〕は,それ故に重要なことである[56]」と指摘し,「公職を引き受けなかったし,『社会を秩序づけるうえで有力な役割』も引き受けなかった。……自身の名声を保護する利益を少しも放棄しなかった。……従って,私人は公職者や公的人物よりも侵害に傷つきやすいだけでなく,より権利の回復に値するのである[57]」と説示した[58]。

しかし,公人と私人の区別について,最高裁判所の判断は必ずしも明確であるとは言い切れないように思われる。両者の区別は精密科学とは言えないが,判例におけるパターンは識別することができ,公的人物と見られる原告の類型を熟慮することは有益である,という指摘もある[59]。そこで,判例を分析して基準を探りたい。まず,

---

52 Gertz v. Robert Welch, Inc., 418 U.S. 323, 344 (1974).
53 *Id.* at 345.
54 *Id.* at 342.
55 *Id.* at 344.
56 *Id.*
57 *Id.* at 345.
58 *See* PROSSER & KEETON, *supra* note 45, at 805-07.

公職者か否かの判断には，どのような事例があるかを見ていく。次に，「民間人の原告を類型化するという，さらに複雑な問題[60]」を検討する。

第2款　公職者（public official）

名誉毀損訴訟における「公職者」の範囲については，現実的悪意の法理が導入された目的を踏まえて検討する必要がある。公務員全てが公職者という訳ではない[61]。公的論争に関係がなく単純作業に従事するだけの下級公務員を，公職者に含めることはできない。最高裁判所も，1964年の Times 判決において，「公職者」の意味が政府の下級公務員にまで広がることを決める根拠がない，と指摘している[62]。この判決は，公選の市委員としての地位が明確に彼を公職者にした，と判示[63]する一方，公職者の範囲がどこまでなのかについては将来の判断に委ねた[64]。

1965年の Henry v. Collins[65]において，郡検事（county attorney）及び警察署長（chief of police）に Times ルールが適用された。

翌1966年の Rosenblatt v. Baer[66]においては，公職者の輪郭が明らかにされた。最高裁判所は，公職者の範囲を限定する意図の下に，公衆は全ての政府職員の適格性と職務に対してではなく，政府における地位が明らかに重要な場合に，その適格性と職務に対して独立し

59　RODNEY A.SMOLLA, LAW OF DEFAMATION 2-78（2th ed. 2002）.

60　FRANKLIN & ANDERSON, *supra* note 31, at 289.

61　Hutchinson v. Proxmire, 443 U.S. 111, 120 n.8.（1979）. DONALD M.GILLMOR & JEROME A. BARRON & TODD F. SIMON, MASS COMMUNICATION LAW 221（6th ed. 1998）.

62　376 U.S. at 284 n.23.

63　*Id.*

64　もっとも，学説では「公職者から政府の政策，公的政策へ，さらには公的領域における問題へという弁証法的進展……は不可避であるように思われる」という予測もなされた。Kalven, *The New York Times Case: A Note on "The Central Meaning of the First Amendment"*, 1964 SUP. CT. REV. 191, 221.

65　380 U.S. 356（1965）（per curiam）.

66　383 U.S. 75（1966）.

た関心を持つことを明らかにし[67]，公職者を地位によって一般と特別の2つに分け，後者に公衆の正当な関心が集まることを示唆した。最高裁判所は，「政府批判は，自由な討論において憲法的に保護される領域のまさに中核である。政府の諸作用に責任を持つ人に対する批判は，政府批判自体が処罰されないのと同様に，自由でなければならない[68]」としたうえで，「『公職者』の意味は，政府の事務行為について，実質的責任あるいはコントロールを有している，又は公衆には有しているように見える上級政府職員に属する者に少なくとも当てはまることは明らかである[69]」と一般論を定立した。さらに，最高裁判所は，郡の委員らによって雇用された郡公共レクリエーション地域監督責任者（supervisor）が公職者に該当することを示唆し，公職者に当てはまるかどうか審理するようニューハンプシャー州最高裁判所に差戻した。

その後，1967年の Beckley Newspapers Corp. v. Hanks[70]において，公選の郡裁判所書記官（court clerk），1968年の St. Amant v. Thompson[71]では，郡法執行官代理（deputy sheriff），1971年の Time, Inc. v. Pape[72]では，警察の副刑事部長（deputy chief of detectives）に，Times ルールが適用されている。1971年の Ocala Star-Banner Co. v. Damron では，Times 判決で使われた意味において，市長は「疑いなく『公職者』[73]」と認定されている。

1974年の Gertz 判決においては，公職を得ようとする人は，公的問題に関わることで一定の必然的な結論を受け入れなければならず，公衆の関心は公職者の職務の適格性に関係すると思われるものに拡

67　*Id*. at 86.
68　*Id*. at 85.
69　*Id*.
70　389 U.S. 81 (1967).
71　390 U.S. 727 (1968).
72　401 U.S. 279 (1971).
73　401 U.S. 295, 299 (1971).

大し,公職者の個人的な属性の中で,不誠実さ,不正行為,不適切な動機ほど,職務の適格性に密接に関係するものはない,と公職者の意義について言及している[74]。

他方,1979年の Hutchinson v. Proxmire[75]では,行動に関する研究をする科学者で,州立精神病院の研究責任者を務め,非常勤の大学教員でもあった者が公人に該当するかどうかが争われた。本件は,ミシガン州の公務員 Hutchinson の研究に連邦政府の機関などが補助金を出したことについて,上院議員 Proxmire が「公費無駄遣い賞 (Golden Fleece Award)」を「授与」して批判したことに対し,Hutchinson が名誉毀損訴訟を提起したものである。

下級審段階においては,原告は公的人物に該当する,と判断していたが,最高裁判所は,これを法廷意見で否定した。最高裁判所は,Hutchinson が「他の者に影響を及ぼすため,公的論争に自らを,あるいはその見解を投げ込まなかった[76]」としたうえで,公費支出に関する広範な問題において顕著な役割を引き受けたことはないし,補助金の受領も公的人物のレベルを充たすのに不可欠なほどの公的注目と批評を招いたと言うことはできず,しかも,メディアへの定期的継続的なアクセスも有していなかったとして公的人物ではない,と結論づけたのである[77]。この判決は,公職者の範囲を限定する意味を持つものと言え[78],下級審の拡大傾向に一定の歯止めをかけることを示唆したものと評価しうる[79]。

公職者は一般的に,政策決定権があり,虚偽言説に反論するためメディアへのアクセスを私人より著しく多く享受している者に限定

---

74 418 U.S. at 344-45.
75 443 U.S. 111 (1979).
76 *Id.* at 135.
77 *Id.* at 135-36.
78 *See* SMOLLA, *supra* note 59, at 2-30, 2-31, 2-32.
79 *See* Smolla, *Let the Author Beware: The Rejuvenation of the American Law of Libel*, 132 U. PA. L. REV. 1, 69 (1983).

するべきである、とされている[80]。こうして見ると、公職者とは、高い地位にある上級官僚 (public officer) として普通分類される人々及び政府の権限を実質的に行使する公務員 (public employee) を指すと思われる[81]。具体的には、政治家や中央官庁の幹部職員などが挙げられよう。

次に、かつて公職者であった者については、Rosenblatt v. Baer において、原告が名誉を毀損されたときに公職者の地位になかったとしても、公的関心事であることを考慮すると公職者に該当しうる、と指摘されていた[82]。これに対し、Gertz 判決においては、原告は、名誉毀損的表現が公表された数年前に短期間、市長から任命される住宅委員会の委員だったとしても、名誉毀損時には政府の地位になかったことから公職者ではない[83]、と認定された。学説では、かつて公職者であった者は、元の職務行為に関する論評については公職者のままである、という理解がある[84]。

さらに、公職の候補者についてはどうか。1971年の同日に判決が下された Monitor Patriot Co. v. Roy[85]では上院議員候補、Ocala Star-Banner Co. v. Damron[86]では地方選挙の候補について判断が示された。最高裁判所は、この2訴訟において Times 判決の法理の適用範囲を候補者に拡大した[87]。

前者は、ニューハンプシャー州における民主党の上院議員候補の予備選挙の3日前に、候補者(落選)が以前犯罪行為をしたとして「元三流密売人 (former small-time bootlegger)」と決めつけた記事を

---

80 GILLMOR & BARRON & SIMON, *supra* note 61, at 221.
81 PROSSER & KEETON, *supra* note 45, at 806. 警察官は、巡回中の巡査でさえ公職者として扱われる、と付言している。
82 383 U.S. 75 , 87 n.14 (1966). *See* SMOLLA, *supra* note 59, at 2-125, 2-126.
83 418 U.S. at 351.
84 FRANKLIN & ANDERSON, *supra* note 31, at 293.
85 401 U.S. 265 (1971).
86 401 U.S. 295 (1971).
87 FRANKLIN & ANDERSON, *supra* note 31, at 290.

第3節　公人と私人

日刊紙が掲載した事件である。最高裁判所は，公職候補者の行為が論議されるとき，Timesルールには候補者の公職の適格性に関連するかもしれないあらゆることが含まれるべきである，と述べた[88]。そして，Timesルールが適用されるために，「犯罪行為の嫌疑が時間的あるいは場所的にどれほど離れていたとしても……公職者あるいは候補者の職務の適格性と無関係であるはずがない[89]」と判断し，原告勝訴の原審判決を破棄・差し戻すという結論を下した。

後者は，現職の市長で，郡の課税額査定官（tax assessor）選挙に立候補した者（落選）が，ある訴訟において偽証したとして起訴された，とフロリダ州の地方紙に報じられたことから，名誉毀損訴訟を提起したものである。報道内容は彼の兄弟に関するもので，候補者本人にとっては明らかに誤りだった。しかし，最高裁判所は，市長及び公職の候補者としての地位において，原告はTimesルールが適用される範囲内にあるとしたうえで[90]，候補者の犯罪行為についてRoy判決を引用し，公職候補者の犯罪行為の嫌疑は公職の適格性と密接な関連があると述べ，Roy判決と同様に，原告を勝訴させた判決を破棄し，原審に差戻した[91]。

1989年のHarte-Hanks Communications, Inc. v. Connaughton[92]では，裁判官候補者についての判断が示されている。本件は，オハイオ州における裁判所幹部の汚職事件の捜査に関連し，市裁判所裁判官（municipal judge）の候補者が「卑劣な企み[93]」をしたという疑惑を持たれている，と地方紙（この市裁判所裁判官選挙で現職の候補者を支持していた）が投票日の直前に報じたことに対し，裁判官候補者（落選）が記事は虚偽であり，しかも同紙は現実的悪意をもって報道した，

88　401 U.S. at 273-74.
89　*Id.* at 277.
90　401 U.S. at 299.
91　*Id.* at 300-01.
92　491 U.S. 657 (1989).
93　*Id.* at 660.

と損害賠償請求訴訟を起こしたものである。最高裁判所は、この市裁判所裁判官の候補者が公的人物であることを前提に審理し[94]、本件記録の証拠を検討した結果、情報提供者が真実を語っているかについて疑いがあり、裁判官候補者の記事について疑問があったにもかかわらず、目撃者に取材しなかったなどとして新聞社の現実的悪意を認めた[95]。

第3款　公的人物（public figure）

公人のうち公職者については、上級、下級といった職階のどこに線を引くかといった点で議論の余地があるものの、公務員の身分を有しているかどうかは明確であると言えるため、特に公的人物の範囲が重大な意義を持つ[96]。

では、公的人物とは一体どのような人のことをいうと理解すべきなのだろうか[97]。

Butts判決及びWalker判決においては、公職者ではないが「公衆が正当で重要な関心を持つ問題に関わった[98]」人を指す、と説示している。換言すれば、その立場のみによって、あるいは重要な公的論争に自らを投げ入れるような意図的行動によって公的人物としての地位に達し、十分に継続的な公的関心を集め、名誉毀損的言説の虚偽を議論によって暴くことができるような反論手段に十分なアクセ

94　*Id.* at 659.

95　*Id.* at 692-93.

96　*See* FRANKLIN & ANDERSON, *supra* note 31, at 289. 松井・前掲注（4）「名誉毀損（4・完）」53頁では「Gertz判決の枠組の下では、『公人』の範囲、とりわけ『公的人物』の範囲が重大な鍵となる」と強調されている。アメリカにおける「公的人物」概念については、吉野夏己「民事上の名誉毀損訴訟における公的人物の概念と表現の自由」新報112巻11・12号763頁（2006）参照。

97　学説には、原告の地位及び言論の内容という両立しない裁判所の分類体系のために、公的人物に関する事件は、現在のところ「学説上の泥沼」である、という指摘がある。Smolla, *Dun & Bradstreet, Hepps, and Liberty Lobby: A New Analytic Primer on the Future Course of Defamation*, 75 GEO. L. J. 1519, 1568 (1987).

98　388 U.S. at 134.

第3節 公人と私人

スを有する人をいう[99]。Butts判決及びWalker判決における首席裁判官Warrenの同意意見において，公的な問題や出来事に関する公的人物の見解や行動は，公職者と同じくらい市民に大きな関心を持たれる，としたうえで，公的人物と公職者について異なった立証基準を採用する根拠はなく，公的人物は社会を秩序づける際に重要な役割を果たし，政策に影響を及ぼすから，Times判決の法理が適用されるべきである[100]，としたことに注意を払う必要があろう[101]。

Gertz判決において最高裁判所は，公的人物という地位が公的問題の解決に重要な役割を果たす人にのみ適用されるべきことを明らかにした[102]。ここでは，公的人物として2つのタイプが構想された。第1は，重要な問題の解決において重要な役割を果たしたために，全ての目的からpublic figureと目される人々である。第2は，公衆にとって重要な特定の論争あるいは問題の解決に向けて，自らを自発的に投げ入れたpublic figureの人々である。また，最高裁判所は，「公的人物として分類された人々は，〔公職者と〕同様の立場にある。……この地位に達する人々の大部分は，社会の出来事で特別顕著な役割を引き受けた。……いずれの場合でも，公的人物は注目と批評を招く[103]」と指摘したが，類型ごとの厳密な定義や判断基準は指し示さなかった[104]。

現在，公的人物として以下の3つの類型が認められている[105]。第1の類型は，社会の出来事に顕著な役割を果たし，全ての観点からpublic figureと目される「全面的公的人物（general public figure）」で

---

99 *Id.* at 155.
100 *Id.* at 162-65.
101 See Daniels, *Defamation and the First Amendment: New Perspectives: Public Figures: Public Figures Revisited*, 25 WM. & MARY L. REV. 957, 968 (1984).
102 PROSSER & KEETON, *supra* note 45, at 806.
103 418 U.S. at 345.
104 *See* Stern, *Unresolved Antitheses of the Limited Public Figure Doctrine*, 33 HOUS. L. REV. 1027, 1042 (1996).
105 418 U.S. at 345, 351-52. *See* FRANKLIN & ANDERSON, *supra* note 31, at 308-11.

ある。全面的公的人物には至らない公的人物は,「限定的公的人物 (limited public figure)」と呼ばれ, 特定の論争に自発的に参加し, 限られた問題についての public figure と目される第2類型「自発的公的人物 (voluntary public figure)」と, 意図することなく公的論点に巻き込まれた第3類型「非自発的公的人物 (involuntary public figure)」の2つに分けられる。

(1) 全面的公的人物

全面的公的人物と認定するには, 単に「コミュニティーや職業上の出来事への市民的参加」では足りず,「コミュニティーにおける一般的な名声あるいは悪名の明確な証拠及び社会の出来事への広範な関与[106]」が必要である, と判断されている。最高裁判所は,「人生の全ての局面における公的な著名人 (public personality)[107]」と表現したり,「あらゆる点で公的人物とみなされるくらい, 説得力と影響力のある地位を占める者[108]」, 又は「あらゆる点, あらゆる文脈で公的人物となるくらい, 全面的に広がる名声あるいは悪名を馳せる[109]」者と定義したりし,「そのような人々は, 公的問題の解決に特別顕著な役割を引き受ける[110]」と述べている。学説では,「一般的」あるいは「あらゆる点で」あるいは「全面的に広がる」あるいは「非限定的な」公的人物として, さまざまに知られた大いに稀有な人物を指す, と理解されている[111]。

全面的公的人物に関する最高裁判所の判例としては, 1988年の

106　418 U.S. at 352.
107　*Id.*
108　*Id.* at 345.
109　*Id.* at 351.
110　*Id.*
111　SMOLLA, *supra* note 59, at 2-101. at 2-25 では, ボクシングの元世界チャンピオン Muhammad Ali や全米に名の知られたテレビのショー番組司会者 Johnny Carson を例示している。

Hustler Magazine, Inc. v. Falwell[112]がある。本件は，雑誌 Hustler のパロディー広告によるプライバシー侵害や名誉毀損などを根拠として，キリスト教系テレビ福音伝道師で，保守派政治運動主宰者の原告 Falwell が損害賠償を求めた訴訟である。最高裁判決は，原告について，政治的公的問題に関して活動する全米に知られた聖職者であり，大学を創立し，何冊も書籍を出版したなど，多彩な社会的活動を紹介したうえで，両当事者とも原告の地位に異議を唱えていないことから，明らかに公的人物である，と認定した[113]。

(2) 限定的公的人物
a) **非自発的公的人物**

非自発的公的人物の類型には，著名な事件に巻き込まれ，不本意にも社会の注目を集めた被害者や被疑者などが含まれうる。

1979年の Wolston v. Reader's Digest Ass'n, Inc.[114]において，犯罪の被疑者は公的人物ではない，と判断されている。本件は，1958年にニューヨークの特別連邦大陪審の召喚に応じなかったことによって，法廷侮辱罪で有罪判決を受けただけであるにもかかわらず，1974年に被告 Reader's Digest の出版した本が，誤って原告についてソ連の諜報員としてスパイ罪で起訴された，とした事件である。法廷意見は，原告はスパイの捜査をめぐる公的論争の最前線に「自発的に躍り出た」ことも「自らを投げ入れた」こともないとして，公的人物に分類することができるという被告及び下級審の見解を否定した[115]。犯罪行為に関わっただけで自動的に公的人物になる訳では

---

112 485 U.S. 46 (1988).
113 *Id.* at 47, 57. 本判決では，名誉毀損，プライバシー侵害とともに理由とした「意図的な精神的苦痛を与えること (intentional infliction of emotional distress)」に基づく損害賠償訴訟にも現実的悪意の法理が適用されることが明らかにされた。本件について，邦文では喜田村・前掲注 (4) 49頁が詳しい。
114 443 U.S. 157 (1979).
115 *Id.* at 166.

ない，とも判示した[116]。

ただ，「公人／私人のテスト」を導入した Gertz 判決の前には，プライバシー侵害訴訟ではあるが，1967年の Time, Inc. v. Hill[117]において，犯罪の被害に遭った家族が私人とされたにもかかわらず，被告雑誌の記事内容が公的関心事であることを理由に，現実的悪意の法理が適用されている[118]。

b） 自発的公的人物

自発的公的人物について，最高裁判所は，「公的人物として分類された人たちは，関わった問題の解決に影響を及ぼすために，特定の公的論争の最前線に自ら躍り出た[119]」とか，「自発的に特定の公的論争に自らを投げ入れるか，あるいは引き寄せて，その結果，限定的な範囲の問題のための公的人物になる[120]」と述べている。

この類型は，最も判断が微妙である。

Gertz 判決以前のものとしては，1967年の Curtis Publishing Co. v. Butts[121]及び Associated Press v. Walkar[122]がある。前述のように，前者は民間団体に雇用されていた公立大学の体育監督，後者は政治活動に関与していた退役陸軍将軍が原告となった。相対的多数意見は，2人とも公表時にはかなりの程度，公的関心を集めていたことから，通常の不法行為法のもとでは公的人物として分類される，と判断した[123]。

また，1970年の Greenbelt Cooperative Publishing Ass'n, Inc. v. Bresler[124]では，メリーランド州において高校用地の売買などをめぐり市と交

---

116 *Id.* at 168.
117 385 U.S. 374 (1967).
118 *Id.* at 390.
119 418 U.S. at 345.
120 *Id.* at 351.
121 388 U.S. 130 (1967).
122 388 U.S. 130 (1967).
123 *Id.* at 154.
124 398 U.S. 6 (1970).

第3節 公人と私人

渉していた，地元では著名な不動産開発業者について，市議会で論議されて住民の関心を集めていたうえ，市の将来の開発に関与していたことなどを理由として，明確に公的人物の範囲内にある，と判示された[125]。

これに対し，1974年の Gertz 判決では，公的人物を狭く解した。上訴人である弁護士は，コミュニティー及び専門分野において長年活躍し，法的なテーマで著書や論文も公表しているから，いくつかのサークルではよく知られていたものの，コミュニティーで一般的な評判を得ていた訳ではなく，公的問題の渦に自らを投げ入れず，公衆の注目も集めなかった，などとして公的人物性を否定した[126]。こうした私人は過失を立証すれば足りるとして，最高裁判所は判例を修正し，その名誉を保護した。

また，1976年の Time, Inc. v. Firestone[127]では，離婚訴訟で話題となった富豪夫人は，公的人物に該当しない，とされた。本件は，フロリダ州パーム・ビーチにおける，社交界の花形であった富豪夫人の不倫などを理由として，富豪の離婚が認められたかのように雑誌 Time が誤って報じたのに対し，夫人が名誉毀損訴訟を提起したものである。

最高裁判所は，「被上訴人〔富豪夫人〕は，おそらくパーム・ビーチの社交界を除いて，社会の出来事において特別顕著な役割を引き受けなかったし，そこで問題となっている論点の解決に影響を及ぼすため，特定の公的論争の最前線に躍り出なかった[128]」として私人である，と判断した。法廷意見は，離婚問題が公衆の関心を集めたとしても，公的論争と同一視することができる訳ではなく，夫人は夫婦間の問題を解決するため法的手続を強いられたのであるから自

---

125 *Id.* at 7-9.
126 418 U.S. at 351-52.
127 424 U.S. 448 (1976).
128 *Id.* at 453.

発的とも言えず、裁判手続による離婚訴訟は、Gertz 判決で言及された「公的論争」ではない、と述べた[129]。最高裁判所は、夫人が係争中に2，3の記者会見をした事実は、彼女を公的人物の地位に変えなかったし、夫との争いの結果に影響を与えるために、それらの記者会見を利用しようとした証拠もなかった、と判示した[130]。本件の富豪夫人のように、限られた一定の地域で著名であっただけでは公的人物とは言えないことになる。本判決は、かなり大きなコミュニティーで、一般的に著名でなければ公的人物にならないことを示したものと言える。

1985年の Dun & Bradstreet, Inc. v. Greenmoss Builders, Inc.[131]は、被上訴人の建設業者について、私人であることを前提に審理している。1986年の Philadelphia Newspapers, Inc. v. Hepps[132]においても、組織犯罪と関係があり、州政府に影響力を及ぼしうる軽飲食物販売店チェーン関連会社の主要株主である原告について、Gertz 判決のような私人である、と認定した[133]。

以上のように判例を概観すると、裁判所は、公然と注意を引く原告に対して、公的人物の地位を与えることに気が進まないようにも見える[134]。非自発的公的人物について、Gertz 判決は、「意図的な行動なく公的人物になる」もので、その「例は極めて稀でなければならない」と説示している[135]。全面的公的人物の類型も、Gertz 判決以降「極めて稀[136]」とされていることから、結局、自発的公的人物に

---

129 *Id.* at 454.
130 *Id.* at 455 n. 3.
131 472 U.S. 749, 751.
132 475 U.S. 767 (1986).
133 *Id.* at 776.
134 *See* GILLMOR & BARRON & SIMON, *supra* note 61, at 219. ここでは、会社役員やコンサルタント、教師、弁護士、医師、訴訟当事者などは、しばしば私人として分類されており、裁判所の区別は非常に曖昧で、時には恣意的でさえある、と指摘している。
135 418 U.S. at 345.

該当するかどうかが最大の論点として浮かび上がってくる[137]。具体的には,「名誉毀損を生じさせた特定の論争について,個人が関与する性質と程度[138]」にかかっているのである。

では,自発的公的人物に該当する要件とは何か。

Gertz 以降の判例は,自発的公的人物原理に関する憲法上の判断において,以下の3つの問題に力点を置いている,と考えられている[139]。すなわち,①原告は,問題あるいは論争の解決に自らを自発的に投げ入れたこと,②その問題あるいは論争は,相当重要な点で公衆などに影響を及ぼしうる解決策に違いなく,それ故,公的論争であること,③名誉毀損は,そのような問題に起因した,あるいは関係したに違いないこと,の3つである。この中で特に注目しうるのは,①の「自発的」と②の「公的論争」の指摘である。確かに,これまで見てきたように,Gertz 以降の判例は,自発的と公的論争の要件を強調している。Firestone 判決では,原告が社会の出来事において特別顕著な役割を引き受けなかったこと及び特定の公的論争の最前線に自ら躍り出なかったことを重く見ている[140]。同様に,Hutchinson 判決及び Wolston 判決でも,原告は他の者に影響を及ぼすため公的論争に自らを投げ込まず,公費支出に関する広範な問題において顕著な役割を引き受けたことはない[141],と述べたり,原告はスパイ捜査をめぐる論争の最前線に自発的に身を投じたこともない[142],と述べたりして,自発的及び公的論争の要件を繰り返し示している。つまり,「自発的」に原告が「公的論争」に関わる中で,名

---

136 FRANKLIN & ANDERSON, *supra* note 31, at 308. *See also* SMOLLA, *supra* note 59, at 2-101.
137 松井・前掲注(4)「名誉毀損(4・完)」54頁参照。
138 418 U.S. at 352.
139 PROSSER & KEETON, *supra* note 45, at 806.
140 424 U.S. at 453.
141 443 U.S. at 135.
142 443 U.S. at 166.

誉毀損が生じたことが重視されているのである。

　また，原告の法的地位の決定，すなわち，原告が公人か私人かを区別するに当たっては，①公的論争があり，その論争は名誉毀損的表現の前に存在したか，②原告は，論争の結果に影響するように，自発的かつ顕著な形で論争に参加したか，③原告は，名誉を侵害する出版に反論するため，メディアへのアクセスを有していたか，という3点が主張されている[143]。ここでは，③の「メディアへのアクセス（access to the media）」の要件に注目したい。例えば，Gertz判決において，公的人物は，公職者と同様に，有効なコミュニケーションの経路，すなわちマス・メディアに対し，かなり大きいアクセス能力を持ち，虚偽の言説を打ち消す現実的な機会を私人よりも持っている[144]，と判示している。Wolston判決でも，Gertz判決を引用して，メディアへのアクセスの要件を確認している[145]。Hutchinson判決においても，メディアへの定期的かつ継続的なアクセスを有していたかどうかに重きを置いている[146]。「メディアへのアクセス」の要件は，言論には言論で対抗する，という表現の自由における原則が反映したものと言えよう。私人には充足しがたい要件を課すことによって，公的人物の輪郭を限定する要素を加えたものと理解できる。

　以上の議論を再構成すれば，「危険負担」つまり恒常的あるいは一時的に公的論争に自ら進んで参加したことと，「反論能力」つまりメディアへの恒常的アクセス能力があるかないかということが重視されていると言える。限定的公的人物を位置づけるうえで，危険を負担した点が必要性，反論能力がある点が許容性と捉えうるのである[147]。他の諸判決も考察したうえで総合すると，①名誉毀損の前提

143　GILLMOR & BARRON & SIMON, *supra* note 61, at 210.
144　418 U.S. at 344.
145　443 U.S. at 164.
146　443 U.S. at 136.
147　この点，Smolla教授は「最高裁判所は，少なくともメディアへのアクセスよりも

となる特定の公的論争の存在，②自発的あるいは任意的に，その論争の結果に影響を及ぼすために関与したこと，③マス・メディアに定期的継続的なアクセスを有していること，の3つが自発的公的人物の要件として考えられる[148]。

第4節 小　括

　表現の自由の保障と名誉権の保護とがマス・メディアの報道によって対立する場合，どちらかを常に優先させることはできない[149]。どのようなときにでも表現の自由のため個人の名誉は毀損されても仕方ないと言えないし，個人の名誉のために表現の自由は制限されても仕方ないと言えないからである。また，その2つの価値を常に個別的比較衡量をすることにも問題がある。どのようなときにでも常に個別衡量するならば，さまざまな事情が積み重なって提訴される名誉毀損訴訟において，裁判官の主観的な恣意を許す危険が伴うからである[150]。これではマス・メディアは報道する時点で，どのような表現まで裁判において許容されるか予測が付きにくく，それ故，危ない報道は避けようとする自己規制を招きかねない。こうした萎縮効果は，国民の知る権利という観点からも防ぐ必要があると思われる。そこで，その調整は，比較衡量のような個別的判断ではなく，事前にある程度予測が付く類型的な判断基準が求められると言えよう。

　　重要な意味を持つものとして自発的の要件を扱っているように思われる」と指摘している。SMOLLA, *supra* note 59, at 2-56.5.
148　松井・前掲注（4）「名誉毀損（4・完）」60頁では，自発的公的人物の要件として，その人がⅰ具体的な「公的論争」に，ⅱ自発的ないし任意的に，ⅲその論点の結果に影響を与えるために，ⅳ問題の表現以前に，ⅴかなり積極的な関与をしていて，かつⅵマス・メディアに定期的かつ継続的なアクセスを有していること，の6つを挙げている。
149　喜田村・前掲注（4）179頁参照。
150　芦部信喜『現代人権論——違憲判断の基準』175頁（有斐閣，1974）参照。

この点，現実的悪意の法理は，事前に一定程度予測が付く類型的な判断基準と評価しうる[151]。特に，政府と公人に対する批判的言論を抑制してはならない，という見地から導入されたことは注目に値する。ただ，以上に見てきたように，類型の詳細まで確立しているとは言いがたい[152]。最高裁判所の判例を概観すると，少なくとも公職者には，その職務の性質などを考慮して制限的に適用されている，と見ることができる。公的人物については，さらに抑制的であることがうかがえる。とりわけ，非自発的公的人物については，ほぼ適用外の運用が確定し[153]，最も問題となる自発的公的人物についても，これに認定されると保護の程度が著しく低減してしまうことから，抑制的な運用がなされていると見られる[154]。こうした判例の動きに対し，学説の評価[155]はさまざまであるが，名誉毀損法制の改革案[156]も少なからず示されており，これらの点については第3章において考察する。

---

151 第1章でも触れたが，芦部信喜『憲法学Ⅲ人権各論 (1)〔増補版〕』351 — 53頁（有斐閣，2000）では，日本の相当性理論について，アメリカ法に言う定義づけ衡量の考え方を法文に具体化しようという姿勢を示したと解される点で評価に値する，としながらも，現実的悪意の法理と比べると，なお表現の自由の自己統治の価値を十分に活かしていないのではないか，と疑問を呈している。

152 Schauer, *Defamation and the First Amendment: New Perspectives: Public Figures*, 25 WM. & MARY L. REV. 905, 935 (1984) では，法的な分類が整然としていることはめったになく境界も曖昧であるから，分類の重要な相違点を無視しないよう，境界線ではなく核心部分に焦点を合わせる必要がある，と主張している。

153 Smolla, *supra* note 97, 1569. ここでは，非自発的公的人物について，公的論争における周縁部のアクターは，ますます私人として分類されるだろう，と指摘している。松井・前掲注 (4)「名誉毀損（4・完）」60頁では，「公的論争に巻き込まれたことによる『公的人物』は，事実上否定された或は少なくとも極めてありそうもないと考えられる」と評している。

154 *See* Smolla, *supra* note 97, 1569. 自発的公的人物について，論争への自発的参加を強調したり，原告の関与と名誉毀損的言説の強い関連を要求したりすることによって適用が制限され，中核的な公的人物以外は現実的悪意の法理の適用外におかれる，と分析している。

155 学説については，本書第3章第2節及び第4節に示した諸論稿を参照。

156 改革案については，本書第3章第3節参照。

第4節 小　括

　日本において，現実的悪意の法理は特に判例を中心に厳しい見方がなされていることは事実である。しかし，公人についての議論が進んでいるとは決して言えず，公人と私人の区別について考察することは，本章で検討したような現実的悪意の法理の射程をめぐる論点のみならず，公的関心事の議論を深めるうえでも有益ではなかろうか。公人をめぐる日米の国民意識の相違点も少なからずあると考えられるが，アメリカの判例を参考に，日本国憲法の下で表現の自由の趣旨を十分に活かせるよう，公人に関する名誉毀損法制を再検討するべきであろう。

第3章　アメリカにおける現実的悪意の法理の再検討

第1節　はじめに

　前章で概観したように，アメリカにおける名誉毀損法[1]は，1964年の New York Times Co. v. Sullivan[2]で，公職者の職務行為に関する言説について「現実的悪意（actual malice）の法理[3]」が導入され，Gertz v. Robert Welch, Inc.[4]などを経て固まった。公人の公的論点に関する議論を保護してマス・メディアの「自己検閲（self-censorship）」を防止するために，言論の対象が「公人（public person）[5]」か「私人（private individual）」か，言論の内容が「公的関心事（matter of public concern）」か「私的関心事」か，で4つの組み合わせを作り，「現実的悪意」あるいは「過失（fault）」を主たる要件として表現者の責任を判断する判例の枠組である[6]。

1　アメリカの名誉毀損法を概説したものとして，塚本重頼『英米法における名誉毀損の研究』（中央大学出版部，1988）参照。

2　376 U.S. 254 (1964).

3　アメリカ連邦最高裁判所における現実的悪意の法理の採用と展開については，本書第2章第2節参照。松井茂記「名誉毀損と表現の自由——憲法的名誉毀損法の展開に向けて（1）—（4・完）」民商87巻4号37頁，5号26頁，6号13頁，88巻1号51頁（1983），北岡守「名誉毀損法と修正第一条——最近のアメリカ連邦最高裁の判例を中心として」青法29巻2号89頁（1987），吉野夏己「名誉毀損的表現と言論の自由」中央大学大学院研究年報17号67頁（1988），清水公一「アメリカ合衆国における憲法法理としての名誉毀損法の展開——『現実の悪意（actual malice）』の法理の新展開」慶応義塾大学法学政治学論究2号227頁（1989）参照。

4　418 U.S. 323 (1974).

5　公職者及び公的人物の総称。

第1節　はじめに

しかしながら、この枠組については、言論内容が「公的関心事」か「私的関心事」か、被告がメディアか非メディアか、など様々な論点について学説の議論を呼んでいる[7]。そもそも、なぜ「公人」に対する表現の自由が憲法修正第1条で手厚く保障されるのか、という原理論[8]をめぐる見解の対立を背景に、現実的悪意の法理自体が妥当であるかどうかについての議論が紛糾している。すなわち、現実的悪意の法理は表現の自由を重視するあまり名誉権の保護が不足しているから、破棄あるいは修正されるべきである、という見解がある一方、この法理では表現の自由保障には不十分だから、少なくとも公職者に対する名誉毀損は絶対的に免責するべきである、という見解もある。その中間には、全面的に現実的悪意の法理を肯定する立場や、現実的悪意の法理を一定程度受け入れたうえで部分的に修正を検討する立場がある。Times判決の目標をより実効的に実現するため、改革案も法案などの形で次々と示されている。これらのうち、いずれの見解を採るべきなのであろうか。

また、現実的悪意の法理の適用範囲については、「公職者（public official）」のほか「公的人物（public figure）」にまで拡大された[9]が、

---

[6] 最高裁判例の枠組については、本書第2章第2節第3款参照。藤倉皓一郎「アメリカにおける名誉毀損に対する懲罰的損害賠償の機能」田中英夫先生還暦記念『英米法論集』491頁（東京大学出版会、1987）、花見常幸「アメリカ憲法における名誉毀損的表現と『公的人物』テスト」伊藤満先生喜寿記念『比較公法学の諸問題』270頁（八千代出版、1990）参照。

[7] アメリカにおける学説の議論については、松井茂記「New York Times判決の法理の再検討——アメリカにおける名誉毀損法改革をめぐる最近の議論について」民商115巻2号12頁（1996）、清水公一「アメリカにおける表現の自由と名誉権の調整——学説の新動向」慶応義塾大学法学政治学論究10号183頁（1991）参照。

[8] 邦文では、さしあたり、奥平康弘『なぜ「表現の自由」か』（東京大学出版会、1988）、駒村圭吾『ジャーナリズムの法理——表現の自由の公共的使用』（嵯峨野書院、2001）、山口いつ子「表現の自由論のメタモルフォーゼ——アメリカ合衆国憲法第1修正における構造変化とその価値原理」東京大学社会情報研究所紀要67号23頁（2004）参照。

[9] Curtis Publishing Co. v. Butts, 388 U.S. 130 (1967) 及び Associated Press v. Walker, 388 U.S. 130 (1967).

公的人物全てが適用を受けるのか,その一部が適用を受けるとするのか,について下級審の判例は錯綜しており,学説の理解も分かれている。公的人物は,「全面的公的人物(general public figure あるいは all-purpose public figure)」と「限定的公的人物 (limited-purpose public figure)」から成り,後者は,「自発的公的人物(voluntary public figure)」と「非自発的公的人物 (involuntary public figure)」に分かれるとされている。このうち,全面的公的人物は,公職者と同視することができるので適用対象とされ,非自発的公的人物は,適用対象外という理解が一般的であるように思われる。そこで,自発的公的人物の範囲が問題となる。

本章では,現実的悪意の法理に関する学説を中心に,アメリカにおける憲法的名誉毀損法を再検討していきたい。まず第2節で,この現実的悪意の法理自体が妥当であるかどうかについての議論の動向を分析する。次いで第3節では,現実的悪意の法理について,さまざまな観点から提案されている改革案を概観する。第4節では,現実的悪意の法理の適用範囲について考察する。Gertz 判決以降の公的人物[10]3 類型の展開を見た後,この法理が適用される「公人」と適用されない「私人」を区別する基準は何か,すなわち「公人法理(公的人物原理)」を検討する。

第2節　学説の動向

第1款　否　定　説

Times 判決と Gertz 判決の枠組では,名誉権の保護が不十分である,

10　「公的人物」概念については,松井・前掲注(3)「名誉毀損(4・完)」53—60頁,松井・前掲注(7) 9頁,吉野夏己「メディア報道における表現の自由と個人情報の保護——民事上の名誉毀損訴訟における公的人物概念の検討」クレジット研究35号98頁(2005),吉野夏己「民事上の名誉毀損訴訟における公的人物の概念と表現の自由」新報112巻11・12号767頁(2006)参照。

第2節　学説の動向

という批判は少なくない。

　裁判官 White は，名誉毀損法を「憲法化（constitutionalizing）」した Times 判決以降の判例法理，すなわち現実的悪意の法理は，名声を保護する利益を過小評価し，原告の立証責任の負担を大きくするもので，公人もマス・メディアに反論しえない状況にある，と指摘する[11]。White は，Gertz 判決は誤って下されたものであり，破棄されるべきである，とまで言う[12]。首席裁判官 Burger も，この主張を支持する[13]。

　このような議論を支持する意見は，学説にも根強くある。

　Epstein は，現実的悪意の法理に対して明確に批判的立場をとる。Times 判決は，絶対的免責が不適当であるという認識から，厳格責任との妥協案として現実的悪意の法理を導いたが，ハードルの高い現実的悪意という要件を課すことによって原告勝訴の蓋然性が縮小することに疑問の余地はなく，マス・メディアにも訴訟費用の負担が大きいため，公職者による懲罰的損害賠償請求を否定するか，あるいは明白かつ確信を抱くに足る虚偽の証拠を原告が提示して訂正を要求しても被告が拒んで名誉毀損を繰り返した場合に，懲罰的損害賠償を認めるべきであるという。Epstein は，全てを考慮すると，損害賠償の問題を明確にコントロールする名誉毀損のコモン・ローは，Times ルールよりも言論の自由と名誉権保護とのよりよい調整を提示するから，現実的悪意の法理は放棄すべきである，と主張している[14]。

　また，Anderson は，現実的悪意の法理はマス・メディアを十分に

11　Dun & Bradstreet, Inc. v. Greenmoss Builders, Inc.,472 U.S. 749, 766-72 (1985) (White, J., concurring).
12　*Id.* at 767, 774.
13　Dun & Bradstreet, Inc. v. Greenmoss Builders, Inc., 472 U.S. 749, 764 (1985) (Burger, C.J., concurring).
14　Epstein, *Was New York Times v. Sullivan Wrong ?*, 53 U. CHI. L. REV. 782, 801-18 (1986).

保護しないし，ほとんどの名誉毀損被害者が要件を充たすことができない，と論じる。特に，公的人物のカテゴリーは，全米的な著名人あるいは全米的な論争に制限されないから，公職者を含め何百万ものアメリカ人が分類されるが，現実的悪意の法理は，これらの公人から名誉毀損に対する法的救済を奪うという。Andersonによれば，最高裁判所は，現実的悪意の法理による名声の被害を，メディアへのアクセスを通じた「自力救済（self-help）」と，公人の地位を引き受けたことによる「権利放棄（waiver）」の2つで正当化しようとしたが，説得力がなく，公人の名誉保護の必要性が低いという見解も受け入れられないという。現実的悪意の法理は，公的な立場に就くことを明らかに思い止まらせるほか，公職者や公的人物のスキャンダル報道に際してマス・メディアのリスクを除いて，その利益を強化するから，公的議論にも影響して政治の質を低下させかねず，虚偽の情報をも保護するため，公職者と公的議論に関する情報の流れが汚染され続けてマス・メディアの信用を害し，公的情報が流通する価値を低下させることになるというのである。Andersonは，Times判決が宣言した現実的悪意の法理は，報道機関の保護が今よりも格段に少なかった1964年当時の名誉毀損法に応じたものであり，今日の報道機関は，はるかに多くの保護を享受しているから再考されるべきである，と主張している[15]。

さらにSmollaは，公的人物に関する訴訟について，原告の地位及び言論の内容という両立しがたい裁判所の分類方法のために，現在のところ「学説上の泥沼である」としたうえで，憲法修正第1条の保護から公的人物が関与する事件を取り除き，公職者が関与した場合に限るTimes判決の基準を裁判所が固守し，名誉毀損に対する憲法上の保護を全面的にGertz判決以前に縮減する可能性は確かにある，と指摘する[16]。そして，Smollaは，名誉を毀損された人物の公的

---

15 Anderson, *Is Libel Law Worth Reforming ?*, 140 U. PA. L. REV. 487, 488, 524-38 (1991).

及び私的な地位に焦点を当てるという，やや恣意的な基準ではなく，言説及びその受け手，その2つの相関関係に焦点を当てるという「言論の全体的な文脈(context)」に基づく新しい公的人物原理を示唆した[17]。

Walton も言説対象者の地位に焦点を当てるアプローチの転換を力説する[18]。まず，Times 判決は，マス・メディアによる自己検閲の予防を目的として，公職者に関する論評に明確な基準を示したものであり，Gertz 判決は公人と私人を識別して，公職者及び公的人物が原告の場合にだけ現実的悪意の法理を適用するという結論を下したものである，と判例法の流れを概観する。名誉毀損訴訟において原告の地位を決定する際，公的人物を識別することは公職者の識別よりはるかに難しく，裁判所は公的人物の識別について明瞭なガイドラインを示すことができなかったという。特に，Gertz 判決以降の限定的公的人物という概念は，公職者ではない原告の地位に関し，予測不能で首尾一貫しない判決に結びついた，と論じる。公的人物に関する論評をしようとするマス・メディアは，憲法上の保護を受けられるかどうか，あらかじめ確定することができず，こうした不確実性は，Times 判決が防ごうとした自己検閲をまさに招いた，と分析する。そして，Walton は，多くの下級審及び学者が，原告の地位に基づく Gertz 判決のアプローチよりも，言論内容に基づく Rosenbloom 事件相対多数意見のアプローチを支持しており，原告の地位に基づくアプローチは明瞭さを欠き，名誉権と競合する表現の自由に不適切な保護を与えている，と批判している。

---

16 Smolla, *Dun & Bradstreet, Hepps, and Liberty Lobby: A New Analytic Primer on the Future Course of Defamation*, 75 GEO. L. J. 1519, 1568 (1987).

17 Smolla, *Let the Author Beware: The Rejuvenation of the American Law of Libel*, 132 U. PA. L. REV. 1, 73, 93 (1983).

18 Walton, *The Public Figure Doctrine: A Reexamination of Gertz v. Robert Welch, Inc. in Light of Lower Federal Court Public Figure Formulations*, 16 N. ILL. U. L. REV. 141, 168-70 (1995).

このほか，現実的悪意の法理の問題点を具体的に指摘する声もある。「おそらく虚偽であろうことの高度の認識[19]」に基づく現実的悪意の法理は，記事の内容が虚偽であるかどうかについて，記者が調査を徹底すればするほど要件を充たし，取材した事実を故意にチェックしない場合に要件を欠くことになるから，皮肉にも調査を怠る方がこの法理の適用を受けなくてすむメリットが生じる，というのである[20]。

第2款　絶対的免責論

否定説に対し，憲法修正第1条に基づく表現の自由を最大限に保障する観点から，公職者に関する論評については，いかなる名誉毀損も法的責任を免れるべきである，という絶対的免責論がある。

裁判官 Black は，裁判官 Douglas が同調した同意意見において，現実的悪意の法理は抽象的な概念であり，現実的悪意を立証するという要件は，憲法修正第1条によって具現化される断固とした保障条項に達していない[21]，としたうえで，公職者の職務行為に対するマス・メディアの批判には絶対的免責（absolute immunity）を与えるべきであるから，公職者の批判や公的問題についての議論は憲法修正第1条によって免責される[22]，と解した。この主張は，「公職者／公的関心事」の類型に焦点を絞り，表現の自由を極めて重視した見解であると言える。

また，裁判官 Goldberg は，憲法修正第1条及び憲法修正第14条が公職者の行為を批判する市民とマス・メディアに，絶対的かつ無条件の特権を与えた[23]，と論じる。Goldberg は，自由な政治的討論の機

19　Garrison v. Louisiana, 379 U.S. 64, 74 (1964).
20　Judy, *The First Amendment Watchdog has a Flea Problem*, 26 CAP. U.L. REV. 541, 556-57 (1997).
21　New York Times Co. v. Sullivan, 376 U.S. 254, 293 (1964) (Black, J., concurring).
22　*Id.* at 295-96.
23　New York Times Co. v. Sullivan, 376 U.S. 254, 298 (1964) (Goldberg, J., concurring).

会を確保するために表現の自由を強調し,「日光は全ての消毒剤の中で最も強力である」という裁判官 Brandeis の表現を引用したあと,公職者の職務行為に関する名誉毀損を認める判断は憲法上支持することができない,と結論づけた[24]。

こうした絶対的免責論には強い批判がある。例えば Epstein は,表現の自由を強調して公職者に対する名誉毀損を絶対的に免責する議論について,①名誉を毀損された者の名声が大きければ大きいほど,その潜在的損失は大きく,救済の必要がある,②名誉毀損法がなければ,虚偽の言説がより多く作られるであろうが,その言説について法的責任を問われないことから,正しい報道と誤った報道の区別がつかず,マス・メディアの影響力が低下してしまう,などと指摘する[25]。Epstein は,名誉を毀損された公職者は一定の反論ができるが,それは多くの場合,余りにも小さく遅く効果的ではない,と述べ,公職者に対して私人と異なる特別のルールを適用する理由がないことを示唆する[26]。

第3款 肯定説

一方に現実的悪意の法理では名誉権が守れないとする否定的な学説,他方に公職者に関する名誉毀損は法的責任を免れるべきであるという絶対的免責論がある中で,現実的悪意の法理を肯定的に捉える見解も少なからずある[27]。

まず,リステイトメントが「公職者又は公的人物の名誉毀損」と題して,「その資格における行動,適格性あるいは役割に関する虚偽の名誉毀損的情報 (communication) を公表する者は,次の場合に,そして,この場合にのみ責任を負う。(a)言説が虚偽であり,それが他

---

24 *Id.* at 301-05.
25 Epstein, *supra* note 14, at 798-801.
26 *Id.* at 798.
27 松井・前掲注(3)「名誉毀損(4・完)」68頁では「その射程の問題を別にすれば,New York Times ルールは一般に大旨支持されている印象を受ける」と指摘する。

人の名誉を毀損することを認識している場合，又は(b)これらのことについて，無謀にも無視して行為する場合である[28]」としたのが注目される。

学説では，例えば Stern は，公職者の批判について憲法的保護を拡大した Times 判決は，自己統治の国における自由な表現の役割に対する裁判所のビジョンから生じたもので，名誉毀損法の景観を作り変えた，と主張する。現実的悪意の要件は，厳格責任のルールが引き起こす「自己検閲」を防ぐ役割を果たし，言論の自由に必要な「息をつくスペース」を保護する，という。ただ，この要件は個人の名誉権保護には不適当であるから，自力救済を図る点において弱い立場にある私人の訴訟を容易にするため，Gertz 判決は憲法上の名誉毀損法理を作り直し，私人の名誉毀損について，厳格責任を除いて州がいかなるレベルの責任でも選ぶことができると認め，過失の最低基準を課することに加えて，現実的悪意の証明がない場合に推定的あるいは懲罰的損害賠償を禁止した，などとして Stern は，両判決の枠組に理解を示す[29]。

また，Bloom は，名誉権の保護と表現の自由とを適切に調整しているという観点から，Times 判決と Gertz 判決の枠組は維持されるべきである，と考えている。すなわち，裁判所は多くの事件で現実的悪意に焦点を当てた。たとえ，この基準の最大の焦点が実際は主観的なものであったとしても，被告のほぼ確実な虚偽性の認識は，情況証拠によって立証されうる。明白かつ確信を抱くに足る証拠の基準と結びつけられた，この主観的なアプローチは，マス・メディアに高いレベルの保護を与える。ほとんどの事件で被告のマス・メディアが勝訴するとしても，公人原告の障壁は克服できない訳ではなく，「無謀な無視」について証拠となる客観的要因を原告が立証す

---

28 RESTATEMENT OF THE LAW, SECOND, TORTS § 580A (1977).
29 Stern, *Unresolved Antitheses of the Limited Public Figure Doctrine*, 33 HOUS. L. REV. 1027, 1032-36 (1996).

れば勝訴することができる。この基準は、公職者と公的人物に障壁を示すものの、全ての訴訟において損害賠償を妨げるものではない、というのである。Bloom は、判例法が示唆するように、現実的悪意の基準は、その性質を理解する多数の裁判所によって適切に適用され、過失の基準も適用された時、合理的に作用するから、被告及び原告の双方からの批判にもかかわらず、両判決のアプローチは保たれるべきである、と主張する30。

ニュース週刊誌 U.S. News & World Report の最高顧問弁護士と大学教授を兼ねる Dienes も、Times 判決の法理は完全でないとしても名誉権とマス・メディアの保護を適切に調整している、と評価する31。Dienes は、名誉を毀損された者が被告の過失を立証するという要件はマス・メディアを最大限に保護しており、公人原告が現実的悪意を立証しなければならず、私人も少なくとも過失を立証しなければならないとすることは、2つの利益のバランスを取っているから、マス・メディアが Times 特権によって与えられた枠組を奪われてはならない、と強調している32。

Anderson は、前述したように、名誉権を侵害された者の救済を図るとともに、虚偽情報を排除することによってマス・メディアに対する信頼を守るという観点から、Times 判決の法理に消極的な見解を示す。しかしながら他方で、名誉毀損法を改革すべき時期は明らかに熟している、とも述べる33。現実的悪意の法理は再考されるべきであるが、裁判所はこのルールに強い忠誠を示していて、おそらく完全には廃止しないであろうから、この法理の適用範囲に焦点を当て、著名人及び公職者と同視することができない公的人物に対する適用を考え直すべきである、という。そして、Anderson は、その

---

30 Bloom, *Proof of Fault in Media Defamation Litigation (pt. 2)*, 38 VAND. L. REV. 324, 393-94 (1985).

31 Dienes, *Libel Reform: An Appraisal*, 23 U. MICH. J. L. REFORM 1, 17-18 (1989).

32 *Id*. at 10-11, 15.

33 Anderson, *supra* note 15, at 490.

主役を最高裁判所に求め，最高裁判所だけが名誉毀損法の改革を開始することができる，と力説している[34]。

これに対し，Franklinは，原告の地位に基づく類型化によって最高裁判所は憲法上の名誉毀損法を混乱させた，と批判する。すなわち，原告の地位に基づくアプローチは，首尾一貫せず予測不能な結果をもたらし，事件を処理することが非常に困難である。名誉毀損以外の憲法修正第1条の領域において特定の表現が保護される程度について議論する際，しばしば裁判所は内容を分析したことから，もっと言論内容を考慮するべきである，という。Franklinは，「自己統治(self-governance)」というキーワードを挙げ，それと関係する言論には憲法修正第1条が特別の重要性があるとして保護を与え，それを含まない言論にも一定程度，憲法上の保護を与える，としたうえで，憲法修正第1条と不法行為法を最も適切に組み合わせる憲法上のアプローチとして，①自己統治に関係する名誉毀損的言論は，現実的悪意の法理によって最も保護される，②その他の名誉毀損的言論は，言論内容と原告の地位という2つの軸で分析するべきである，と提案する[35]。

第4款 検 討

学説を概観すると，現実的悪意の法理は全面的に容認されているとは決して言えないだろう。

まず，絶対的免責を主張する諸見解は，公職者の職務行為に関する自由な批判を活発化させて政治的討論を促進するため，表現の自由を最大限に重視するものである。確かに，マス・メディアにとっては公職者を批判しても全て免責されるというのであるから，萎縮効果を防ぐ点で極めて有益であることは言うまでもない。しかしな

---

[34] *Id.* at 538, 552.

[35] Franklin, *Constitutional Libel law: The Role of Content*, 34 UCLA L. REV. 1657-59, 1685 (1987).

がら、故意による名誉毀損的虚偽表現までも絶対的に法的責任を免れるとすることに対しては、名誉権を侵害された公職者も一定程度救済する必要があるとして、疑問が呈されている。やはり、虚偽であることを認識して、あるいは虚偽か否かを無謀にも無視して、事実を調べようともせず意図的に公人の名誉を毀損することまで憲法修正第1条が容認していると解することには無理があるのではなかろうか。

これに対し、現実的悪意の法理の破棄あるいは抜本的修正を要求する見解は、名誉権保護を重視する見地から、この法理の問題点を指摘し、Times 判決と Gertz 判決の枠組の変更を迫る。もちろん、公人だからといって、その名誉権を当然の如く軽視してもよい訳がない。Anderson が指摘するように、現実的悪意の法理の対象になると、名誉毀損に対する法的救済策を事実上失うという点や、Walton がいうように、公的人物の識別は公職者と比べて難しく、とりわけ限定的公的人物については予測不能な結果になっているという点などは一定の説得力を有すると思われる。言論内容に目を向けるべきであるというアプローチには、肯けるものがある。しかしながら、現実的悪意の法理の適用を受ける公人は、本当にマス・メディアに反論できない状況にあるのだろうか。公人の名誉権侵害を正当化するために最高裁判所が示した理由づけである、メディアへのアクセスを通じた「自力救済」と、公人の地位を引き受けたことによる「権利放棄」の2つは、果たして説得力がないと断定できるのであろうか。こうした学説の批判にもかかわらず、最高裁判所の判例がほぼ確立していることから、Times 判決と Gertz 判決の枠組は容易に変更されないという見方が有力である。

他方、現実的悪意の法理を肯定的に捉える見解は、この法理が表現の自由と名誉権の両方の価値を適切に調整していると評価し、Times 判決と Gertz 判決の枠組を維持すべきである、と主張する。両判決の枠組では、名誉毀損訴訟において、現実的悪意は全ての原告

に要求されている訳ではなく，私人には過失を立証することが要求されているにすぎないから，名誉権侵害に対して類型的な解決策を提示している，と評価しうる。もっとも，現実的悪意の法理を肯定すると，結果として公人の名誉権より，マス・メディアの表現の自由が優先されることは否定できない。そうだとすれば，Franklin らが提案するように，基本的な判例の枠組を維持したうえで，さらに適切な調整を図るために改善を検討することが求められているのではないかと思われる。

　この点，判例法理の問題点をさまざまな観点から指摘し，具体的に改善策を示す提言も次々と提示されている。次に主な改革案について見ていきたい[36]。

第3節　改　革　案

第1款　主要な提言

　Times 判決と Gertz 判決を軸とした判例法の枠組が固まりつつあった1985年，下院議員 Schumer は，「名誉毀損及び他の目的のために新しい訴訟原因の創設により，憲法上の権利としての言論の自由を保護する法案[37]」を議会に提出した。この法案の最大の特徴は，損害賠償請求に代えて，言説が虚偽かつ名誉毀損的であるという「宣言的判決（declaratory judgment）」を求めることができることにした，という点にある。このほか，Schumer 法案は，①訴訟を提起できるのは公職者か公的人物に限る，②原告が損害賠償請求訴訟を提起しても，被告は宣言的判決を求める訴訟に変更する選択権を有する，③

---

[36] 改革案について邦文では，松井・前掲注（7）32頁，桑原壮一「アメリカ名誉毀損法改革論の新動向」新潟28巻1号89頁（1995）など参照。

[37] Franklin, *A Declaratory Judgment Alternative to Current Libel Law*, 74 CALIF. L. REV. 809, 832-35 (1986).

言説が虚偽かつ名誉毀損的であるという訴訟原因の要件については，原告が明白かつ確信を抱くに足る証拠によって立証する責任を負う，④宣言的判決訴訟が選択されると，それ以後，損害賠償など他の救済策は認められなくなる，などの点に特徴がある。さらに，この法案では，出版あるいは放送の日から起算して1年以内に訴訟が開始されなければならないことや，懲罰的損害賠償の禁止などが規定されている。

同じく1985年に Franklin は，独自の改革案を「原告の選択文書名誉毀損改革法[38]」という名称を付して提示した。この改革法案は，言説が虚偽かつ名誉毀損的であるという宣言的判決訴訟を提案の軸に置き，立証責任の分配や程度，懲罰的損害賠償の禁止などの点も Schumer 法案と同様に規定しているが，①原告を公職者や公的人物に限定しない，②原告は宣言的判決を求めずに，従来の損害賠償請求訴訟を提起することもでき，その選択権は原告が有する，③損害賠償請求訴訟を選択した場合，原告が事実の虚偽性及び現実的悪意を立証しなければならない，などの点で Schumer 法案と異なっている。

1988年には，ノースウエスタン大学のアネンベルグ (Annenberg) 文書名誉毀損法改革プロジェクトにおいて，Smolla ら11人の専門家グループが改革案をまとめた。基本的枠組は，①訂正・反論，②宣言的判決，③損害賠償請求訴訟，の3段階である[39]。第1段階は，原告による訂正あるいは反論文掲載の要求から始まる。原告が訂正を要求すれば，被告は，その代わりとして反論する機会を提示することができない。この要求は，名誉毀損的言説の公表から30日以内にしなければならない。原告がこの要求をしない場合や，被告が30日

---

38 *Id.* at 812-13. 改革案は，カリフォルニア大学バークレー校において開催された会議で提示され，翌1986年，論文として公表された。

39 Smolla & Gaertner, *The Annenberg Libel Reform Proposal: The Case for Enactment*, 31 WM. & MARY L. REV. 25, 32-35 (1989).

以内に原告の要求に応じた場合，原告は名誉毀損訴訟を提起することができない。原告による訂正あるいは反論文掲載の要求を被告が拒絶した場合，第2段階に入り，問題の言説が真実か虚偽かを明確にする宣言的判決訴訟を両当事者とも提起することができる。一方当事者がこの選択をすれば，原告は損害賠償訴訟を提起することができなくなる。原告は，言説が虚偽であることについて，明白かつ確信を抱くに足る証拠によって立証責任を負う。敗訴者は勝訴者の弁護士費用を負担しなければならない。両当事者が第2段階で宣言的判決訴訟を選択しなければ，第3段階に移る。原告は従来の名誉毀損法とほぼ同様の枠組で損害賠償請求訴訟を提起することができる。この損害賠償請求訴訟において原告は，言説が虚偽かつ名誉毀損的だったことを明白かつ確信を抱くに足る証拠によって立証しなければならない。賠償は現実の損害に限られ，懲罰的損害賠償は認められない。弁護士費用は当事者双方が自己分を負担する，と規定された。

さらに1993年，統一州法委員全国会議（The National Conference of Commissioners on Uniform State Laws）において，統一名誉毀損訂正・明確化法（Uniform Correction or Clarification of Defamation Act[40]）が採択された[41]。この法案によると，まず，原告は，名誉毀損的言説の公表を知ってから90日以内に，被告に対して名誉毀損の訂正あるいは明確化，すなわち虚偽性の表明を要求しなければならない。被告が所定の期間内に十分要求にこたえた場合，原告は立証しうる経済的損害のみを賠償請求しうることになる。このような仕組によって，統一名誉毀損訂正・明確化法は，名誉を毀損された者を迅速に救済するとともに，マス・メディアにも高額な損害賠償金と訴訟費用を回避することができるというメリットを与え，両者の調整を図った。

---

40 MARC A. FRANKLIN & DAVID A. ANDERSON, MASS MEDIA LAW 342-45 (5th ed. 1995).
41 Ackerman, *Bringing Coherence to Defamation Law through Uniform Legislation: The Search for an Elegant Solution*, 72 N.C.L. REV. 291, 314-22 (1994).

第2款　改革案の評価

　主な改革案を見ると，現実的悪意の法理の問題点を考慮して新しい名誉毀損法の枠組を構想しようとする努力の跡がうかがえる。これら改革案では，金銭を求めるのではなく，虚偽の訂正による名声の回復を望む者に対して，宣言的判決というアプローチを考案したことが最大の特色と言えるだろう。この宣言的判決訴訟においては，原告にとって負担の大きい現実的悪意の法理は適用されないから，名誉権の保護に配慮したものであると言える。他方，訂正・反論を認めさえすれば，マス・メディアは訴訟自体に巻き込まれないから，表現の自由にも配慮したものであるとも言える。

　Franklin 改革法案と Schumer 法案の特に重要な相違点は，被告が宣言的判決訴訟の最終的選択権を有するかどうかである。そもそも，宣言的判決というアプローチは，これまで金銭による損害の求償を求めてきた名誉毀損訴訟の原告の中には，虚偽の訂正で名声の回復を望む者もいるはずである，という観点[42]から構想されたと思われる。確かに，宣言的判決という手法によって，名声の回復は一定程度図られるであろうし，被告に選択権を与えることによって，名誉毀損訴訟で深刻な影響を受けるマス・メディアの表現の自由に寄与するであろう。

　しかしながら，Franklin は，Schumer 法案が救済策の選択権を被告のマス・メディアに与えることに同意できない，と主張した[43]。すなわち，原告は選択する最初の機会を有しているものの，被告は原告が行った損害賠償の選択を無効にして宣言的判決訴訟に変換することができ，損害賠償責任にさらされることを一方的に回避しうる点を問題視したのである。そして，それが①全ての原告，とりわけ，特別損害を証明できる者に不公平であり，②意図的な名誉毀損的虚

42　*See* Franklin, *supra* note 37, at 809-10.
43　*Id.* at 836-42.

偽に対処する社会に無力感を与え，③それほどドラスティックでない代案が有効ではないと立証することもなく，長年の不法行為の救済策を破壊し，④政治的にも魅力がない，という理由を列挙してSchumer法案には反対すべきである，と批判した。

また，Schumer法案には，訴訟を提起することができる範囲を公職者あるいは公的人物に限定している点にも問題があろう。そこで，Franklin改革法案は，名誉を毀損された者全てが宣言的判決訴訟を提起することができると認める一方，損害賠償請求訴訟も提起でき，その選択権は原告が有する，などとしてSchumer法案の問題点を改善している。

アネンベルグ名誉毀損法改革プロジェクトは，名誉毀損法を訂正・反論，宣言的判決，損害賠償請求訴訟の3段階に構成し，制度化しようとした点を評価することができるが，Schumer法案と同様に，マス・メディア側の選択によって，名誉を毀損された者が損害賠償訴訟を提起できなくなる点に問題が残る。

以上，いずれの提案も，Times判決の特権を放棄することにつながりかねないことから，マス・メディアの支持は難しい，と指摘されている。統一名誉毀損訂正・明確化法は，穏健な内容からマス・メディアに受け入れられる余地がありそうだが，反面，加害者たるマス・メディアの判断に重きが置かれている点で名誉を毀損された者の保護が弱くなることは否定できない。マス・メディアは宣言的判決訴訟をはじめとする改革案に前向きではなく，これらの支持がない以上，改革案が実現する可能性は低い，と言われている[44]。

このように，諸改革案は問題点をさまざまに指摘し，具体的な改善の道筋を示そうと努めているものの，結局はTimes判決とGertz判決を軸とした判例法の枠組を前提とせざるをえないのが現状なのである[45]。

---

44 *See* Anderson, *supra* note 15, at 546.
45 松井・前掲注（7）43頁。

第4節　現実的悪意の法理の適用範囲

第1款　限定的公的人物と全面的公的人物

　Gertz 判決で固まった名誉毀損を律する憲法修正第1条の法理は，原告を3つの主要なカテゴリーに分類した[46]。すなわち，全面的公的人物，限定的公的人物という2タイプの公人及び私人である。公職者を含む公人と，私人とは，「メディアへのアクセス（access to the media）」及び「危険の引き受け（assumption of risk）」の有無によって区別される[47]。第2章第3節で見たように，メディアへのアクセスとは，名誉を毀損された場合，効果的にマス・メディアを通じて自力救済することをいう。公人は，虚偽の言説に反論したり訂正したりする機会が私人よりも多いから，この要件を充たす[48]。危険の引き受けとは，名声を得たことによって公的な監視を受け，名誉毀損の言説にさらされることを甘受したことをいう。自発的に公的人物の地位に達した人は，社会の出来事で特に顕著な役割を引き受けたと見られることから，この要件を充たすと考えられている。

　全面的公的人物と限定的公的人物の相違は，「関連性（relevancy）」あるいは「密接関連性（germaneness）」という概念で説明できるとされている[49]。

46　Smolla, *Qualified Intimacy, Celebrity, and the Case for a Newsgathering Privilege*, 33 U. RICH. L. REV. 1233, 1234 (2000).

47　RODNEY A. SMOLLA, LAW OF DEFAMATION 2-24 (2nd ed. 2002). 危険の引き受けについては，Gilles, *From Baseball Parks to the Public Arena: Assumption of the Risk in Tort Law and Constitutional Libel Law*, 75 TEMP. L. REV. 231 (2002).

48　SMOLLA, *supra* note 47, at 2-24. 裁判所は，「メディアへのアクセス」の問題におけるアクセスの欠如について，公人／私人を区別する補助的原理としている，という見方がある。この見解では，アクセスの証拠は，公人／私人の区別に関連があるものとして認められるが，公的人物の地位の問題において決定力のあるものとしては認められない。DAVID A. ELDER, DEFAMATION 61 (1993).

まず，全面的公的人物は，公的論争との関連性，思想の自由市場への貢献によるというよりも，「なまの力（raw power）」によって有名になった人物である。その基準は厳格であり，「著名人（celebrity）[50]」又は「おなじみの名前（household word）[51]」に限定されている[52]。高いレベルの悪評や名声を伴う人たちの「小グループ（small group）[53]」，「稀な人物（rare creature）[54]」に制限される，と裁判例は明らかにしている[55]。最高裁判例では，雑誌のパロディー広告によって名誉を毀損されたなどとして損害賠償訴訟[56]を起こした，著名なテレビ福音伝道師で保守派政治運動主宰者Falwellが該当することは明らかであるとされる[57]。また，芸能人，政治的・社会的活動家，大企業の幹部，作家や評論家，コラムニスト，宗教指導者などが全面的公的人物にあたり，下級審においては，弁護士で消費者運動指導者のRalph Nader[58]，保守派の論客として著名な作家でテレビ番組の司会も務めるWilliam F. Buckley[59]，映画俳優・監督のClint Eastwood[60]などが認定されている[61]。

次に，限定的公的人物は，公的論争に密接関連性のある公的人物と考えられている[62]。裁判所は時々，要件を強化し，論争への関与

---

49 Smolla, *supra* note 46, at 1234-36.
50 Waldbaum v. Fairchild Publications, Inc., 627 F.2d 1287, 1292, 1294 (D.C.Cir. 1980).
51 *Id.*
52 ELDER, *supra* note 48, at 42．
53 Wolston v. Reader's Digest Ass'n, Inc., 443 U.S. 157, 165 (1979).
54 Waldbaum v. Fairchild Publications, Inc., 627 F.2d at 1292 (D.C.Cir. 1980).
55 ELDER, *supra* note 48, at 41-42. *See* FRANKLIN & ANDERSON, *supra* note 40, at 308.
56 Hustler Magazine, Inc. v. Falwell, 485 U.S. 46 (1988). 本書第2章第3節第3款参照。
57 ELDER, *supra* note 48, at 41.
58 Nader v. de Toledano, 408 A.2d 31(D.C. 1979), cert. denied, 444 U.S. 1078 (1980).
59 Buckley v. Littell, 539 F.2d 882 (2d Cir. 1976), cert. denied, 429 U.S. 1062 (1977).
60 Eastwood v. Superior Court, 149 Cal. App. 3d 409 (1983).
61 SMOLLA, *supra* note 47, at 2-72.2, 2-104.1, 2-106, 2-107.
62 Smolla, *supra* note 46, at 1234-35. ここでは，Gertz判決における限定的公的人物カテゴリーは，公開の議論及び熟慮のイメージを想起させる憲法修正第1条の概念に直接関連づけられたように思われる，と指摘する。

が「自発的（voluntary）」だった程度，あるいは論争の結論に「影響を及ぼす（influence）」ために関与した程度を強調する。ただ，数多くの判決が言及したように，限定的公的人物概念の範囲を定めることは容易なことではない[63]。

第2款 自発的公的人物と非自発的公的人物

限定的公的人物は，公的論争に「自発的に」関与したかどうかで自発的公的人物と非自発的公的人物に分けられる。後者について最高裁判所は，「意図的行動」を欠いたとしても公的人物になる可能性を Gertz 判決で示唆したが，そのようなケースが「極めて稀[64]」であることも認めた[65]。

非自発的公的人物に関する最高裁判決としては，前章第3節第3款でふれた1976年の Time, Inc. v. Firestone[66]がある。本件は，フロリダにおける社交界の花形だった富豪夫人について，その不倫などを理由として富豪の離婚請求が認められたかのように雑誌 Time が誤って報じたことから，この富豪夫人が名誉を毀損されたとして訴えを起こしたものである。法廷意見は，「おそらくパーム・ビーチの社交界を除いて，社会の出来事において特別顕著な役割を引き受けなかったし，そこで問題となっている論点の解決に影響を及ぼすため，特定の公的論争の最前線に躍り出なかった[67]」として私人である，と判断した。

また，1979年には Wolston v. Reader's Digest Ass'n, Inc.[68]の判決が下った。本件は，スパイ事件をめぐる大陪審の召喚に応じなかった

---

63 ELDER, *supra* note 48, at 48.
64 Gertz v. Robert Welch, Inc., 418 U.S. 323, 345 (1974).
65 ELDER, *supra* note 48, at 52-53.
66 424 U.S. 448 (1976).
67 *Id.* at 453.
68 443 U.S. 157 (1979). 本書第2章第3節第3款参照。
69 *Id.* at 166-68.

ことによって，法廷侮辱罪で有罪になった Wolston がスパイ罪で起訴された，とこの事件から十数年後に，被告出版社の本によって誤って公表されたことから，名誉毀損訴訟を提起したものである。法廷意見は，原告がスパイ事件の捜査に関する公的論争の最前線に「自発的に躍り出た」ことも「自らを投げ入れた」こともないから私人である，と判断した。犯罪に関わっただけでは公的人物にならない，とも述べた[69]。

同じく1979年の Hutchinson v. Proxmire[70]は，科学者で州立病院の研究責任者を務める Hutchinson の研究に政府機関などが補助金を出したことについて上院議員が批判したことに対し，Hutchinson が名誉毀損の訴えを提起したものである。最高裁判所は，「他の者に影響を及ぼすため，公的論争に自らを，あるいはその見解を投げ込まなかった」としたうえで，公費支出問題において顕著な役割を引き受けたことはないし，補助金受領も公的人物のレベルを充たすのに不可欠なほどの公的注目と批評を招いておらず，メディアへの定期的継続的なアクセスも有していなかったとして公的人物ではない，と判断した[71]。

下級審において，非自発的公的人物のリーディング・ケースとされるのが，1985年の Dameron v. Washington Magazine, Inc.[72]である[73]。原告 Dameron は，1974年にヴァージニア州で起きた航空機墜落事故の際，航空管制官を務めていたが，1982年に出版された航空機事故に関する雑誌記事がヴァージニアの墜落について管制官に部分的責任があるとしたことに対し，名誉毀損訴訟を起こした。コロンビア特別区連邦控訴裁判所は，墜落事故時に管制を担当していたという「全くの不運によって（by sheer bad luck）」航空管制官が，不本意に

---

70 443 U.S. 111 (1979). 本書第2章第3節第2款参照。
71 *Id.* at 135-36.
72 779 F.2d 736 (D.C.Cir. 1985).
73 Wells v. Liddy, 186 F.3d 505, 538 (4th Cir. 1999).

第4節　現実的悪意の法理の適用範囲

も墜落原因に関する公的論争の中心人物になったとして，非自発的公的人物である，と判示した[74]。

しかしながら，下級審において，非自発的公的人物が認定されることは決して多いとは言えなかった[75]。判例及び学説は，「『極めて稀（exceedingly rare）』というだけでなく絶滅した（extinct）もの」として非自発的公的人物のカテゴリーを見ている[76]。限定的公的人物の地位の適用は，論争に対する原告の自発的参加の強調によって制限されることに加え，名誉毀損的言説のテーマと原告のかかわりとの関連性の要件によっても制限されることから，中核的な公的人物以外は現実的悪意の法理の外側に置かれ，公的論争における周縁部のアクターは，ますます私人として分類されるだろう，と言われている[77]。このように非自発的公的人物は，現実的悪意の法理の適用を受ける公的人物から実質的に除外され，私人と同様の扱いを受けていると見うるため，自発的公的人物が焦点となる。

名誉毀損訴訟において，原告が「自発的」に「公的論争[78]」に自

74　779 F.2d at 742-43.
75　FRANKLIN & ANDERSON, *supra* note 40, at 308 では，「極めて稀」な非自発的公的人物の判例として，Meeropol v. Nizer, 560 F.2d 1061 (2d Cir. 1977), cert. denied 434 U.S. 1013 (1978); Carson v. Allied News Co., 529 F.2d 206 (7th Cir. 1976); Street v. National Broadcasting Co., 645 F.2d 1227 (6th Cir.), cert. granted and then dismissed after settlement, 454 U.S. 815 (1981) を列挙している。非自発的公的人物を認定しなかった下級審判決としては，Lundell Manufacturing Co. v. ABC, Inc., 98 F.3d 351 (8th Cir. 1996); Wells v. Liddy, 186 F.3d 505 (4th Cir. 1999). 認定した下級審判決としては，前述のDameron v. Washigton Magazine, Inc. のほか，Goldreyer, Ltd. v. Dow Jones & Co., Inc., 259 A.D.2d 353, 687 N.Y.S.2d 64 (1999); Atlanta Journal-Constitution v. Jewell, 555 S.E.2d 175 (Ga. App. 2001) など。
76　ELDER, *supra* note 48, at 57. Jones v. Palmer Communications, Inc., 440 N.W.2d 884, 895 n.1 (Iowa 1989). 非自発的公的人物概念の「絶滅」に否定的な見解として，Hopkins, *The Involuntary Public Figure: Not So Dead After All*, 21 CARDOZO ARTS & ENT. L.J. 1 (2003) など。邦文では吉野・前掲注 (10)「公的人物概念の検討」110—111頁。
77　Smolla, *supra* note 16, at 1569.
78　「公的論争」の定義に当たっては，論争の主題が一般的な関心事では不十分であり，裁判所はコミュニティー感情が割れているか，著しく報道価値があるか，高度に正当な論題であるか，などを調査しなければならないが，そのような限定は不可能で，

らを投げ入れる程度は，公的人物の地位を決定する最も重要な要因のうちの1つとされ[79]，Gertz 判決後の最高裁判例，とりわけ，Firestone[80]，Wolston[81]，Hutchinson[82]の3判決は，公的論争に自発的に関与したかどうかという「自発的」の要件を際立って強調している，と理解されている[83]。下級審判決においても，例えば，1978年の Rosanova v. Playboy Enterprises, Inc.[84]は「自発的」の要件を重視した。犯罪組織との接触を認めてマス・メディアの注目を集めていたホテル及びカントリークラブの役員 Rosanova について，被告出版社の雑誌が「ギャング (mobster)」と呼んだことから Rosanova が起こした文書名誉毀損訴訟において，裁判所は，原告が「注目と批評を招かざるをえない行動を自発的にとった[85]」と判示し，自発的公的人物に該当するという判断を示した。

しかしながら，下級審は，「公的論争」という曖昧な概念に，少なからずフラストレーションを示してもいる[86]。「どのように，又，どこで公的人物と私人の間の線を引くか。それらは漠然とした (nebulous) 概念である。公的人物を定義することは，壁にクラゲを釘づけにしようとすることに非常によく似ている[87]」と述べたものや，「最高裁判所は，Gertz〔判決〕で表明した公的人物及び私人についての骨格だけの説明に，まだ肉づけをしていない[88]」と指摘した判決がある。

マス・メディアに自己検閲を要求すると見られている。Elder, *supra* note 48, at 63-64.
79 Smolla, *supra* note 47, at 2-43.
80 Time, Inc. v. Firestone, 424 U.S. 448 (1976).
81 Wolston v. Reader's Digest Ass'n, Inc., 443 U.S. 157 (1979).
82 Hutchinson v. Proxmire, 443 U.S. 111 (1979).
83 Smolla, *supra* note 47, at 2-44, 2-53.
84 580 F.2d 859 (5th Cir. 1978).
85 *Id.* 861.
86 ELDER, *supra* note 48, at 62.
87 Rosanova v. Playboy Enterprises, Inc., 411 F. Supp. 440, 443 (S.D. Ga. 1976).
88 Waldbaum v. Fairchild Publications, Inc., 627 F.2d 1287, 1292 (D.C.Cir. 1980).

その後，下級審は，公的人物の定義について念入りな説明を始め，より詳細な公的人物の要件に関する公式作りを試みた[89]。自発的公的人物の判断基準を示したリーディング・ケースとされるのが，1980年のコロンビア特別区連邦控訴裁判所の Waldbaum v. Fairchild Publications, Inc.[90]である。本件は，単位価格表示など革新的なプランを推進してスーパーマーケット業界で著名だった Greenbelt 社の社長 Waldbaum が，自身の解任に関する出版社の報道に誤りがあるとして名誉毀損訴訟を提起したものである。裁判所は，自発的公的人物の要件として，①特定の公的論争の解決において大きい影響力がある，②その論争に直接参加する者以外の人に対して，予見可能かつ実質的な波及効果をもっている，③裁判所は，このテストを採用する際，全体として得られた事実を合理的な人物の目を通して見なければならない，の3つを挙げた。そして，判決では，有名かつ有力な会社の役員であるというだけで公的人物になることはないが，業界で影響力があり，記者会見を開くなどマス・メディアにも一定程度精通している点を全体として見た場合，Waldbaum は自発的公的人物に該当する，という結論を下した[91]。

この Waldbaum 判決だけでなく，1979年に下された Wolston 判決及び Hutchinson 判決以降の下級審判決は事実上，公人と私人の区別を決定する中心として「自発的」の要件を扱っている，とされている[92]。

第3款　公人法理

これまで見てきたように，公的人物の3類型は，主として下級審

---

[89] SMOLLA, *supra* note 47, at 2-34, 2-34.1.

[90] 627 F.2d 1287.

[91] *Id.* at 1292.

[92] SMOLLA, *supra* note 47, at 2-44. *See* Denny v. Mertz, 106 Wis. 2d 636, 318 N.W. 2d 141 (1982); Tavoulareas v. Piro, 817 F.2d 762 (D.C.Cir. 1987); Kumaran v. Brotman, 247 Ill. App. 3d 216, 617 N.E. 2d 191 (1993); Foretich v. Capital Cities/ABC, Inc., 37 F.3d 1541 (4th Cir. 1994); Carr v. Forbes, Inc., 259 F.3d 273 (4th Cir. 2001).

によって展開され,とりわけ,自発的公的人物の認定については,「自発的」という概念の解釈から ad hoc の様相を呈しているとも言いうるが,少なくとも全面的公的人物と自発的公的人物に該当すると認定された原告に,現実的悪意の法理が適用されるのは間違いない。この現実的悪意の法理の適用を受ける公人と,適用を受けない私人を区別する基準が「公人法理(public figure doctrine)」と呼ばれるものである。

公人法理についての学説を見ると,否定的見解として Ashdown は,法律家は明確に区別された法的カテゴリーを切望するものだが,公人と私人を区別すること自体が疑問であり,公的関心事を広く捉えた Rosenbloom 判決の相対多数意見とは違って,言論内容を公的政策に関連したものに限定したうえで,その内容が公的関心事の場合には,原告が公人か私人かにかかわらず,現実的悪意の法理によって保護されるべきであることを示唆している[93]。

また,公人と私人の区別について裁判官 Brennan は,Rosenbloom 判決の相対多数意見において,公的人物が自発的に公的監視に生活を露出する一方,私人が世間の目から隠れて生活を守っているという考えは法的擬制であり,そのような区別は公的関心事の領域にない公的人物の生活面にまで憲法上の議論を拡大する間に私人を偶然含んだので,公的関心事の議論を鈍らせる逆説的な結果をもたらした,と警告したうえで,原告が公人か私人かにかかわらず,公的関心事については,現実的悪意の基準を適用するべきである,と主張した[94]。

しかしながら,このように否定的見解を示すものがあるものの,肯定的に捉える見解が目立つように思われる。例えば Stern は,

---

[93] Ashdown, *Defamation and the First Amendment: New Perspectives: Public Figures: Of Public Figures and Public Interest–The Libel Law Conundrum*, 25 WM. & MARY L. REV. 937, 951-56 (1984).

[94] Rosenbloom v. Metromedia, Inc., 403 U.S. 29, 43-44, 48 (1971).

Waldbaum 判決などで下級審が独自のアプローチを採用したことで分かるように，Gertz 判決以降の最高裁判例は単一の方法論を示さなかった[95]，と指摘しながらも，常に予測可能な分類を生み出す包括的な原理を考案しなかったと裁判所を非難することは非現実的であるとして，Gertz 判決における公的人物／私人という民間人の区分は，表現の自由と名誉権保護という緊張した関係に妥当な解決策を提示する[96]，と評価している。

Gilles は，さらに積極的である。Gertz 判決以降の裁判所は，名誉毀損訴訟における憲法上の分析を一貫して原告の地位に置いており，名誉毀損法において公人法理は，誰が勝訴するか敗訴するかを決める中心的な要素として計り知れないほど重要で支配的な基準である，と主張している[97]。

新たな枠組を求めて模索する動きもある。例えば Schauer は，限定的公的人物の分類を再検討し，公職者のように公的政策あるいは政治的な意思決定に影響を及ぼす「政治的な (political)」公的人物——例として，大企業や労働組合，マス・メディアのトップ，テレビのニュース・キャスター，有力大学の学長——と，公的政策の問題に関与していないが一般的名声あるいは悪名を持つ非政治的な公的人物——例としては，芸能人やプロ・スポーツ選手，芸術家，小説家，著名人——の 2 つの類型に言及している[98]。憲法修正第 1 条の核心は政治的言論の保護であることを強調し，公的人物に関する論評を公職者に関する論評と同様に保護する必要はないという。Schauer は，公人と私人を識別することができるならば，ある類型の公的人物と他類型の公的人物も区分しうるから，政治的な公的人物には

---

[95] Stern, *supra* note 29, at 1040-42.

[96] *Id.* at 1101.

[97] Gilles, *Public Plaintiffs and Private Facts: Should the "Public Figure" Doctrine Be Transplanted into Privacy Law ?*, 83 NEB. L. REV. 1204, 1206-08 (2005).

[98] Schauer, *Defamation and the First Amendment: New Perspectives: Public Figures*, 25 WM. & MARY L. REV. 905, 916-17 (1984).

Times 法理を適用すべきであると示唆する一方,非政治的な公的人物には同法理を適用することを疑問視している[99]。

ただ,こうした新しい枠組に対しては,批判的な見解があることも視野に入れておく必要があろう。例えば Daniels は,憲法修正第1条の核心は議会あるいは選挙による政治よりはるかに広く,社会は政府のプロセス以外によっても構築・再構成されうるから,「政治」という言葉は限定的に定義されるべきではない,としたうえで,非政治的な公的人物とされる作家や芸能人,スポーツ選手などは広い意味における政治に大きな影響力を持っており,生活様式,食べ物,薬物使用,宗教などの問題では公職者よりも著名人が社会を決定づける,と論じている[100]。にもかかわらず,Schauer が「政治的な」公的人物とするものに Times 判決の法理の適用範囲を制限し,非政治的な公的人物に別の基準を適用するとすれば,報道への影響は甚大である,と Daniels は主張する。

第5節 小 括

以上の考察を通じて,現実的悪意の法理の基本的枠組を維持した上で,表現の自由と名誉権の保護をより適切に調整できるような改善策が必要であるとの方向性が明確になった。では,こうした改善策を検討するとすれば,どのような観点から修正を加えていくべきであろうか。

これまで概観したように,判例の枠組については議論が錯綜しており,百家争鳴の感があることは否定できない。名誉毀損に対する最高裁判所の判例法理は当面変更されない,と言われていることを踏まえると,現実的悪意の法理の運用を改善していく方策を探るべ

---

99 *Id.* at 918, 921-23, 929-35.
100 Daniels, *Defamation and the First Amendment: New Perspectives: Public Figures: Public Figures Revisited*, 25 WM. & MARY L. REV. 957, 962-65 (1984).

きである，と考えられているように見える。判例の展開と学説の議論を分析した結果，現実的悪意の法理の適用に当たって焦点となっているのは，自発的公的人物であることが明らかとなった。一部下級審の試みにもかかわらず，この分類は判例においても定義が曖昧であり，表現者に自己規制させる「萎縮効果 (chilling effect)[101]」の懸念が大きい。そこで，定義の明確化を図るとともに，自発的公的人物の類型を再検討する余地はないものであろうか。報道と公人の名誉保護を適切に調整するため，原告の地位の利益状況を類型ごとにきめ細かく見たうえで，現実的悪意の法理を適用するか否かを判断する意義は小さくないと思われる。

この点，憲法修正第 1 条が強度に保護するという自己統治に着目し，これに関係する名誉毀損的言論には現実的悪意の法理が適用され，他の名誉毀損的言論は言論内容と原告の地位という 2 つの軸で分析するべきである，とした Franklin の主張[102]は参考になろう。さらに注目されるのは，現実的悪意の法理の適用を「政治的な」公的人物に限定する Schauer の見解である。確かに，Daniels が批判するように，非政治的な公的人物も政治に対して一定の影響を及ぼしうる。現実的悪意の法理の適用を政治的言論に限定するならば，表現の自由の縮減につながる可能性がある。しかしながら，Anderson が指摘したように，公的人物のカテゴリーは，全国的な著名人あるいは論争に制限されないから，全米で何百万もの人が認定されかねない。現実的悪意の法理が公人の名誉権を一定程度，犠牲にして表現の自由を保護するものであることを考慮すると，両者のバランスをとる観点から，名声侵害を甘受しなければならない人物の類型を，できるかぎり明確にすることも検討する必要があるのではなかろう

---

101 表現の自由における萎縮効果について邦文では，毛利透「アメリカの表現の自由判例における萎縮効果論——ウォーレン・コートからバーガー・コートへ（1）—（4）・完」論叢158巻 1 号 1 頁，3 号 1 頁，4 号28頁（2005），159巻 2 号 1 頁（2006）に詳しい。

102 Franklin, *supra* note 35, at 1657-59, 1685.

かと思われる。

そもそも、思想・情報の自由な交換から真理が生まれるとするHolmesの「思想の自由市場（free marketplace of ideas）[103]」という考え方や、悪しき言論に対しても政府による抑圧ではなく、より多くの言論で対抗すべきとするBrandeisの「モア・スピーチ（more speech[104]）」の理論枠組のエッセンスを受け継いだとされる裁判官Brennanは、Times判決において、「公的問題に関する表現の自由が憲法修正第1条によって保障されるという一般命題は、当裁判所の判例によって長く確立されてきた」と述べ、公的論点に関する議論が憲法修正第1条における価値秩序の中で高い地位を占める言論である、と位置づけた[105]。Brennanは、憲法上の保護措置について、「国民によって望まれた政治的・社会的変化をもたらすために、束縛されることのない思想の相互交換（interchange of ideas）を保障するように作られた[106]」と力説した。そして、この思想の相互交換に不可避的なものとして名誉毀損的表現を捉え、より高次の公的議論を保護するために一定の名誉毀損的表現は憲法的保護を受けうる、としたのである。このように、表現の自由の原理論からみると、Times判決の意義は、政府や公職者の職務行為に関する批判的な言論が憲法修正第1条の「核心」に位置づけられるとした点にあった、と言うことができる[107]。

また、公的論争に焦点を合わせたTimes判決の理解としては、明らかに政府批判の自由の重要性が判決の中核にあり、「証明責任を原告側に課し、さらにその程度を加重するという二重の防御により、公共討論の活力を守ろうとした」現実的悪意の法理が、民主的自己統治を実現するために「しゃべりたい人にはできるだけ萎縮せず

103　Abrams v. United States, 250 U.S. 616, 630 (1919) (Holmes, J,. dissenting).
104　Whitney v. California, 274 U.S. 357, 377 (1927) (Brandeis, J,. concurring).
105　376 U.S. at 269. 山口・前掲注（8）1－2頁、36―37頁、45頁。
106　*Id.*
107　山口・前掲注（8）32頁。

第5節 小 括

しゃべることを許容する」個人的自律を最大限に保障するものであることを示したとも言えよう[108]。

こうした観点から，公職者に現実的悪意の法理を適用することは，学説にもほぼ異論がない[109]。政治的決定に深く関与する公職者について，民主主義の見地から名誉権を制約することにコンセンサスがあると言いうるからである。Schauer が言及する「政治的な」公的人物は，まさに公職者と同様に，公的政策及び政治的な意思決定に影響を及ぼすと考えられる。そうだとすれば，政治的な公的人物は，公職者と同視しうるものとして，公職者と同様に名誉権を制約することが認められよう。他方，非政治的な公的人物は，政治に対して一定の影響力を有することがあるとしても，政治的意思決定に直接的な関与はなく，公職者と同視して公職者と同様に名誉権を制約することには疑問の余地がある。政治的言論の保護が憲法修正第1条の核心である，という見解もあることを踏まえると，政治的な意思決定に関わる公的人物について，自由な議論を促進することが望ましいと言えるだろう。自発的公的人物全体に現実的悪意の法理を適用するのではなく，政治的な公的人物に焦点を絞ることによって政治的言論を活性化させるのである。

アメリカでは Times 判決以降，名誉毀損法の枠組を見直し，表現の自由の観点から「息をつくスペース」を守ることによって，マス・メディアの自己規制・萎縮効果を可能な限り防ごうという姿勢が明確になった。学説においても，現実的悪意の法理が妥当かどうかの議論だけでなく，適用範囲をめぐる議論も活発に展開されている。なかでも，特に問題となりうる自発的公的人物については，比較的明確な類型化を提案する見解が示されている。公職者や公的人物の一部に対象を限定したうえで，マス・メディアの現実的悪意を原告

---

108 毛利・前掲注（101）「萎縮効果論（2）」16頁，24—25頁。
109 Bloom, *Proof of Fault in Media Defamation Litigation (pt. 1)*, 38 VAND. L. REV. 247, 252 (1985).

の公人側が立証しなければならない，という枠組がほぼ確立し，憲法的な観点から公人法理，公的人物の類型化などを再検討する議論が盛んに行われている。

　翻って日本の名誉毀損法を見ると，第1章で指摘したように，被告とされたマス・メディアの側が，表現が正当なものであることを証明しない限り保護されず，しかも実際の裁判では被害者救済の方向に大きく変貌している，と言われている[110]。近年，懲罰的損害賠償とまではいかないにせよ，名誉毀損訴訟の敗訴者に対する損害賠償額の高額化が急速に進んでいる，という指摘も少なからずある[111]。また，裁判所が「相当の理由」を判断する際，厳格化の傾向も顕著である，と見られている[112]。判例法理は，形の上では表現の自由を尊重しているように見せながら，実質的には下位法たる刑法，民法の枠組で表現の自由と名誉権保護の調整を図っているだけではないか[113]。こうした「憲法的視座」を欠く現状がマス・メディアに自己規制させ，萎縮効果を強めていると見られることから，名誉毀損法の枠組自体を再検討することが必要であると思われる。この点，アメリカにおける現実的悪意の法理をめぐる議論は，日本の名誉毀損法を再検討する際に有益な示唆を与えうる。もちろん，法制度の異なる日本にアメリカの議論をそのまま持ち込んでも意味がないのは当然である。しかし，その議論の中に，日本が学ぶべき「憲法的視座」があることは否定できないであろう。

110　松井茂記「変貌する名誉毀損法と表現の自由」ジュリ1222号88, 92頁（2002）。
111　損害賠償額の高額化については，本書後述「補論」を参照。
112　松井茂記『マス・メディアの表現の自由』96頁（日本評論社, 2005），鈴木秀美「表現の自由と名誉保護」棟居快行ほか編集代表『プロセス演習憲法〔第3版〕』138頁（信山社, 2007）など参照。
113　奥平康弘『憲法裁判の可能性』155頁以下（岩波書店, 1995）参照。

第4章　日本における現実的悪意の法理

第1節　判例及び学説における賛否

第1款　判　例

　日本でも，Times判決以降，現実的悪意の法理を積極的に評価する判決が現れる[1]。1974年，他党から意見広告で批判された政党が，広告を載せた新聞社に反論文掲載を求めた『サンケイ新聞』意見広告事件において，本案訴訟に先立つ仮処分決定[2]は，現実的悪意の法理を要件の1つとして採り入れ，かつ名誉毀損を主張する原告側にその証明責任を負担させた。本件の本案訴訟第1審判決[3]は，政党の政策や政治的姿勢に関する論争・批判が当該政党に対する名誉毀損を構成するかどうかについて，「これが故意に又は真偽について全く無関心な態度で虚偽の事実を公表することによってなされたものであるか否か」などを判断基準として示し，現実的悪意の法理に近似した見解を示した[4]。患者が植物状態になったのは診療ミスに

1　Times判決以前には，政見放送などにおける公職候補者，公的機関に対する公益目的の批判は，真実の有無を問わず責任を問われないという主張に対し，「独自の見解」として斥けたものがある（徳島地判昭和28年6月24日下民集4巻6号926頁）。政治家についてのモデル小説を名誉毀損とする刑事裁判で，真実性の証明は検察官に立証責任があるという主張を否定し，真実証明がなされなかった場合，「被告人の不利益に判断されてもやむを得ない」とした判決もある（東京地判昭和32年7月13日判時119号1頁）。

2　東京地決昭和49年5月14日判時739号49頁。

3　東京地判昭和52年7月13日判時857号30頁。

4　本件の本案訴訟控訴審判決（東京高判昭和55年9月30日判時981号43頁）でも，原

よる，と書籍に書かれた医師が書籍販売禁止などの仮処分を求めた医原病書籍頒布禁止事件[5]でも，「高度の違法性」の判断要素として現実的悪意の法理の趣旨を組み入れた。

　こうした下級審判決の流れを受け，1986年，最高裁判所の『北方ジャーナル』事件判決[6]における谷口正孝裁判官意見は，現実的悪意の法理の考え方をとったとされる。すなわち，出版物の事前差止請求権の要件として「現実の悪意」をあげ，「名誉の侵害・毀損の被害者が公務員，公選による公職の候補者等の公的人物であつて，その表現内容が公的問題に関する場合には，表現にかかる事実が真実に反していてもたやすく規制の対象とすべきではない」と指摘したあと，「その表現行為がいわゆる現実の悪意をもつてされた場合，換言すれば，表現にかかる事実が真実に反し虚偽であることを知りながらその行為に及んだとき又は虚偽であるか否かを無謀にも無視して表現行為に踏み切つた場合には，表現の自由の優越的保障は後退し，その保護を主張しえないものと考える。けだし，右の場合には，故意に虚偽の情報を流すか，表現内容の真実性に無関心であつたものというべく，表現の自由の優越を保障した憲法21条の根拠に鑑み，かかる表現行為を保護する必要性・有益性はないと考えられるからである」と述べた[7]。

　　判決の理由を引用して控訴人の請求を理由なしとして控訴を棄却した。
5　東京高決昭和57年6月1日判時1053号111頁。
6　最大判昭和61年6月11日民集40巻4号872頁。池端忠司「名誉毀損と事前差止め――『北方ジャーナル』事件」憲法判例百選Ⅰ〔第5版〕150頁（2007），宍戸常寿「名誉毀損と事前差止め――北方ジャーナル事件」メディア判例百選148頁（2005）参照。
7　本判決でも証明責任は表現の行為者側が負担するとされた。鈴木秀美「表現の自由と名誉保護」棟居快行ほか編集代表『プロセス演習憲法〔第3版〕』142頁（信山社，2007）。なお，本判決補足意見で伊藤正己裁判官は，現実的悪意の法理について，表現の自由の保障を強くする理論で，深い敬意を表するとする一方，公的人物を対象とする名誉毀損に限るとしても，事前規制の判断基準として用いることには疑問があるとし，「公的な人物に対する名誉毀損に関する事後の制裁を考える場合の判断の指標として，その検討を将来に保留しておきたい」と述べた。

これに対し、その後は現実的悪意の法理に否定的な裁判例が続いた。

まず、旧国鉄の新任助役が労働組合員からの嫌がらせなどに耐え切れず自殺したという報道に対する民事訴訟[8]で、被告の新聞社が現実的悪意の法理を主張したが、裁判所は、事実報道の主要な部分が真実であるなどとし、本件記事を掲載した行為は違法性が阻却されて不法行為とはならない、とした。

また、ノンフィクション作品が実名を使って前科を公表したことを理由に、実名を使われた者がプライバシー侵害にあたるとして慰謝料を求めたノンフィクション『逆転』事件第1審判決[9]で、被告作家側が現実的悪意のなかったことを主張して免責を求めたのに対し、「不法行為の成立については過失で足りるとするのが現行法（民法第709条）の態度であるから、……到底採用できない」と斥けた。本件控訴審も、「いわゆる現実的悪意の問題は、名誉侵害にあたって摘示された事実が真実でない場合の免責要件の問題であるから、本件ではこれを論ずる必要がない」と斥けている[10]。

フォーカス「金権候補」事件判決は、現実的悪意の法理について「実定法上の根拠がないにもかかわらず民法709条の要件を加重するもの」としたうえで、「虚偽であるかどうかを全く無視する態度で虚偽の事実を公表した場合にだけ責任を負担すると解することは、個人の名誉の保護を疎んじ、表現の自由を過大に保障する結果となってその均衡を失することとなるからして、採用し難い」と判示した[11]。

小沢一郎衆議院議員秘書対菊池久事件判決では、被告政治評論家が現実的悪意の法理を主張したのに対し、名誉毀損において真実

8　大分地判昭和62年3月18日判時1239号107頁。
9　東京地判昭和62年11月20日判時1258号22頁。
10　東京高判平成元年9月5日判時1323号37頁。
11　大阪高判平成元年5月26日判タ713号196頁。山田健太「現実的悪意の理論——フォーカス『金権候補』事件」メディア判例百選78頁（2005）。

性・相当性は違法性ないし責任の阻却事由であり、それを主張する側に証明責任があると最高裁判所は明らかにしているから、記事が虚偽であることにつき被告に悪意又は重過失があったことの証明責任を原告が負うべきであるという趣旨ならば、その主張は採用できない、と斥けた[12]。

最近では、被告側が現実的悪意の法理に言及し、摘示された事実が虚偽であること及び被告に故意又は過失が存在したことの証明責任を原告側が負うべきであると主張したのに対し、「主張は独自の見解であって、……採用することはできない」とした判決がある[13]。このように、裁判例は現実的悪意の法理に対し、慎重あるいは否定的なものが大勢であると言える。

第2款 学　説

次に、現実的悪意の法理に関する学説を見ると、消極的なものとして例えば、この法理は当事者の予期しないまま、アメリカの連邦最高裁判所が創造した憲法上の法理として突然、姿を現した、「冷戦期リベラリストの表現権理論との妥協の産物」である、とする阪本昌成教授の見解[14]がある。この見解は、現実的悪意とは何を意味するか定かでなく、その後の下級審では、Times 事件の現実的悪意とコモン・ロー上の悪意の意味の差を理解していない判決が相次ぎ、マス・メディアもその意味を十分理解していない、と主張するとともに、日本の下級審判決には現実的悪意の法理に影響されたものがあり、学説にもこの判旨に賛成するものがあるが、日本の民法では、不法行為の成立要件として故意・過失の他に現実的悪意を付加する「実定法上の根拠を欠く」として、これら学説を批判している[15]。現

12　東京地判平成8年1月31日判時1565号125頁。
13　東京高判平成13年8月28日判タ1070号42頁。
14　阪本昌成「名誉の保護と司法的事前抑制」ひろば1986年10月号36頁。
15　阪本・前掲注(14)36頁、阪本昌成『憲法理論Ⅲ』60頁(成文堂、1995)。竹田稔『名誉・プライバシー侵害に関する民事責任の研究』80-81頁(酒井書店、1982)も、

実的悪意の法理を否定するまでには至らないが，その採用に慎重な学説もある[16]。

これに対し，現実的悪意の法理を肯定的に捉える見解がある[17]。例えば，芦部信喜教授は，現実的悪意の法理が日本にそのまま妥当するかどうか，刑法230条の2の解釈に取り込めるかは議論の余地

　差止請求権には参考になるとする一方，民事責任への適用には慎重な検討が必要であるとし，故意又は過失の他に，現実的悪意という要件を加重し，挙証責任を原告側に負担させる「実定法上の根拠を欠く」とする。堀内明「公正な論評」竹田稔＝堀部政男編『新・裁判実務体系9　名誉・プライバシー保護関係訴訟法』44頁（青林書院，2001）は，「公共の関心事に関する論評について実質的に法的責任を追及することを著しく困難ならしめる」と否定的に評価する。

16　清水公一「アメリカ合衆国における憲法法理としての名誉毀損法の展開──『現実の悪意（actual malice）』の法理の新展開」慶応義塾大学法学政治学論究2号250-252頁（1989）は，名誉毀損法制がアメリカとは異なる日本では法理がそのまま妥当しないと指摘し，①明らかに虚偽でも，公人は現実的悪意を証明しない限り法的救済が与えられず，虚偽事実が情報の市場に混入されたままになる，②その立証には，被告の公表当時の心理状態や執筆・編集過程の調査が必要となるが，それは表現の自由に対する脅威となりかねず，かといって原告にそれを許さなければ原告が勝訴することはほぼ不可能となる，③法理が明確でない，などとして，表現の自由保障に偏することになりかねないと批判する。

17　例えば，伊藤正己『憲法〔第3版〕』309頁（弘文堂，1995），清水英夫『言論法研究2──マス・メディアの法と倫理』189頁（学陽書房，1987），堀部政男「表現の自由と人格権の保護」伊藤正己編『現代損害賠償法講座2　名誉・プライバシー』19頁（日本評論社，1972），田島泰彦「報道と名誉・プライバシー」『現代メディアと法』85頁（三省堂，1998），駒村圭吾『ジャーナリズムの法理──表現の自由の公共的使用』206頁（嵯峨野書院，2001），上村貞美「表現の自由・名誉毀損・証明責任」香川19巻1号53頁（1999），五十嵐清『人格権法概説』30頁（有斐閣，2003），佐伯仁志「名誉・プライヴァシーの侵害と刑事法上の問題点」ジュリ959号48頁（1990），田頭章一「真実性についての証明責任・証明の程度」メディア判例百選49頁（2005），浜辺陽一郎『名誉毀損裁判──言論はどう裁かれるのか』196頁（平凡社，2005），吉野夏己「名誉毀損的表現の憲法上の価値」岡法56巻3・4号219頁（2007）。名誉毀損訴訟の賠償額高額化に伴って法理を導入する必要があるという見解として，大石泰彦『メディアの法と倫理』107頁（嵯峨野書院，2004）。刑法学の立場から現実的悪意の法理を参考に独自の相当性判断基準を提唱したものとして，平川宗信『名誉毀損罪と表現の自由』135頁（有斐閣，1983）〔2000年に復刻版発行〕。新聞記者の論考として，気賀沢洋文「『表現の自由』を守るのは言論人──国家と市民に挟撃されるマスコミ」ひろば1986年10月号58頁。

がある，としながらも，この法理は要件が極めて厳しく，「表現の自由の自己統治の価値を最大限に重視したもの」と言え，「表現の自由の保障を大幅に強化した」と評価する[18]。佐藤幸治教授は，現実的悪意の法理について「基本的発想は日本国憲法上も妥当なものと解され」る[19]，としたうえで，この法理を日本でそのまま刑事法に導入することは無理だとしても，民事上の名誉毀損については，原告が政党や上級公務員，財界・労働組合の指導者といった「いわゆる公的存在の統治過程に直接かかわる事柄に限って導入することは十分考えられてよい[20]」と述べる。奥平康弘教授も，現実的悪意の法理を採用することで「公務に関する言説と名誉毀損のあり方を，合衆国最高裁のように憲法上再構成することが，わが国でも要請される」と力説する[21]。

第2節　現実的悪意の法理導入の可能性

第1款　表現の自由に配慮した定義づけ衡量

そもそも，日本において名誉毀損法理を議論する際，憲法の存在をきちんと意識してきたと言えるだろうか。この点，これまでの民事名誉毀損をめぐる議論は，刑法230条の2を横滑りさせて当てはめてきただけであり，表現者に立証責任が常にかかる仕組で捉えられてきた点に注意すべきであるという指摘がある[22]。この見解は，

18　芦部信喜『憲法学Ⅲ〔増補版〕』354-55頁（有斐閣，2000），芦部信喜『憲法〔第4版〕』180頁（岩波書店，2007）。

19　佐藤幸治『憲法〔第3版〕』526頁（青林書院，1995）。

20　佐藤幸治「憲法と人格権」有倉遼吉教授還暦記念『体系・憲法判例研究Ⅲ　基本的人権（2）』234頁（日本評論社，1975）。

21　奥平康弘『表現の自由Ⅱ』280頁（有斐閣，1983）。現実的悪意の法理導入を主張するものとして，浦部法穂『注釈日本国憲法上巻』465頁（青林書院新社，1984），松井茂記『マス・メディアの表現の自由』107頁（日本評論社，2005），前田聡「名誉毀損における『相当性理論』の憲法的考察（2・完）」筑波39号239頁（2005）。

第2節　現実的悪意の法理導入の可能性

判例の枠組に，例えば現実的悪意の法理を組み込んで，立証責任を原告に転換させることは，民事法の解釈論としては成り立ちうるから，今までの構図を根本的に転換する手がかりとして，同法理の採用を憲法的観点から検討できないか，と提案する。そこで，表現の自由に対する規制が許されるとして，その限界をどのように画するかという判定枠組にまで立ち返って考察すると，名誉毀損的表現の規制の合憲性は学説上，「定義づけ衡量（definitional balancing）[23]」によって判断するのが妥当であろうと解されている[24]。表現の自由に萎縮効果が及ぶことを避けるため，表現が制約される要件を精密に画定するこの手法は，名誉毀損的表現にできるかぎり憲法の保障を及ぼすものと評価されている[25]。

表現の自由に配慮した定義づけ衡量という観点から判例を振り返ると，最高裁判所は，意識的か否かは定かでないが，戦後の比較的早い時期から，その趣旨を用いていたと考えることができる[26]。例えば，新聞記者の取材行為の可罰性が問題となった1978年の外務省

22　梓澤和幸ほか「表現の自由とプライバシーの現状と課題」田島泰彦ほか編『表現の自由とプライバシー――憲法・民法・訴訟実務の総合的研究』337頁〔右崎正博発言〕（日本評論社，2006）。

23　「範疇的衡量（categorical balancing）」も同旨。松井茂記『日本国憲法〔第3版〕』118頁（有斐閣，2007），市川正人『表現の自由の法理』97頁（日本評論社，2003）は定義的衡量，佐藤・前掲注（19）524頁は範疇化テスト，榎原猛『表現権理論の新展開』11頁（法律文化社，1982）は限界画定衡量テストと呼ぶ。

24　芦部・前掲注（18）『憲法学Ⅲ』402，410頁。長谷部恭男『憲法〔第3版〕』211頁（新世社，2004）も定義づけ衡量と呼ぶ。表現の自由の制約正当化に関する判例理論については，松本和彦「人権制約の正当化と判例理論――表現の自由に関する最高裁判例を素材にして」榎原猛先生古稀記念『現代国家の制度と人権』279頁（法律文化社，1997）参照。

25　芦部・前掲注（18）『憲法学Ⅲ』410―11頁。佐藤・前掲注（19）524頁は，表現の自由制約の実体的な合憲性判定基準のうち，利益衡量には，何らかの基軸のない「衡量」が場当り的とならないか，などの問題点が指摘できるのに対し，範疇化テストは，個別的文脈の如何を問わず一定の範疇に属する表現を絶対的に保護するもので，「明白かつ現在の危険」のテストが判定者の主観に流されやすいところを克服し，法律の合憲性の判定基準として有効であることを企図する，と指摘している。

26　榎原・前掲注（23）72―74頁参照。

秘密電文漏洩事件で最高裁判所は，公務員の守秘義務を保護する利益との対比において，「そそのかし」を原審が示したように2つの類型に分け，一方は保護されるが他方は保護されないという判断を示しており[27]，明示的ではないものの，その判断を分析すると定義づけ衡量を採用していると見ることができる[28]。また，1954年の新潟県公安条例事件[29]，1957年のチャタレー事件[30]などの判決は，実質的には規制できる表現行為か規制できない表現行為かについて，それぞれの限界を行為類型ごとに憲法的価値の観点からの衡量によって画定する努力をなしたものと言うことができる[31]。さらに，1980年の『四畳半襖の下張』事件[32]では，猥褻性の判断基準を明確化しようとした定義づけ衡量の具体例と見ることができる原審判決[33]のいう基準を，かなり採り入れて判断した，と解されている[34]。

元来，相当性理論の前提となる刑法230条の2自体が，名誉権と表現の自由を類型的に衡量して，その調整を企図し，定義づけ衡量の考え方を法文に具体化しようという姿勢を示したものであり，相当性理論を導入した『夕刊和歌山時事』判決[35]は定義づけ衡量を明確にしたと解されている[36]。現実的悪意の法理は，表現の自由に配慮

27　最1小決昭和53年5月31日刑集32巻3号457頁。岡田信弘「取材の自由と国家秘密——外務省秘密電文漏洩事件」メディア判例百選12頁（2005）参照。
28　榎原・前掲注（23）73頁。
29　最大判昭和29年11月24日刑集8巻11号1866頁。集団行動の規制基準として3つの原則を示し，規制しうる集団行動の類型，規制方法に相当明確な枠をはめた。榎原・前掲注（23）74頁。
30　最大判昭和32年3月13日刑集11巻3号997頁。阪口正二郎「文学とわいせつ（1）——チャタレー事件」メディア判例百選112頁（2005）参照。
31　榎原・前掲注（23）73-74頁。
32　最2小判昭和55年11月28日刑集34巻6号433頁。愛敬浩二「文学とわいせつ（3）——『四畳半襖の下張』事件」メディア判例百選116頁（2005）参照。
33　東京高判昭和54年3月20日高刑集32巻1号71頁。
34　芦部・前掲注（18）『憲法学III』332，336頁。
35　最大判昭和44年6月25日刑集23巻7号975頁。
36　芦部・前掲注（18）『憲法学III』351-53頁。

した定義づけ衡量を，より一層明確化した言論保護的基準である[37]。現実的悪意の法理及び前述した最高裁判例は，定義づけ衡量の趣旨を採り入れたと理解される点で，根底において共通するものがあると言えよう。

第2款　現実的悪意の法理導入枠組の検討

(1)　喜田村説

では，定義づけ衡量をより明確にするために，現実的悪意の法理を日本にも導入することはできないだろうか。この点，喜田村洋一弁護士の見解が注目される[38]。喜田村説は，公人／私人というアメリカの二分法とは対照的に，日本では原告の属性を考慮せず，あらゆる名誉毀損事件が同一に扱われているから，公人より名誉権保護が優先されるべき私人が名誉毀損の被害者である，と裁判所に強く意識されずに不利益を受けるなど，「私人を犠牲にして，公人を保護する」ことになっていると分析し，真実性・相当性の立証責任をマス・メディアに負わすのは「報道を犠牲にして公人を不当に保護することになる」と批判する。この見解は，まず公共性を検討し，公的議論に関与している公人に対する批判的報道は自由になされるべきであるから，「全面的公的人物（general public figure）」又は「限定的公的人物（limited public figure）」[39]が原告になる名誉毀損訴訟では，現実的悪意の法理において公人原告が現実的悪意の証明責任を負う

37　松井茂記「名誉毀損と表現の自由――憲法的名誉毀損法の展開に向けて（2）」民商87巻5号31頁（1983）参照。

38　喜田村洋一『報道被害者と報道の自由』181-203頁（白水社，1999）。竹田・前掲注（15）215頁では，名誉毀損・プライバシー侵害の差止請求権の成立要件として現実的悪意を主張する。渡邊眞次・眞田範行「名誉毀損訴訟における慰謝料額の高額化の提案について――弁護士の立場からの考察」法時74巻12号66頁（2002）は，日本でも相当性の判断枠組から，現実的悪意の法理を実質的に実現することは可能である，とする。

39　この2つの類型の意味については，第5章第2節の「公人類型の再構成」で詳述する。

のと同様に，公益性及び真実性・相当性の立証責任を公人原告に転換するべきである，と提案する。さらに，この見解は，原告が公人であるかどうかで名誉毀損訴訟を類型化すれば，それに応じて証明の範囲や証明責任を調整することで裁判の結論が予測しやすくなり，裁判前の交渉による解決を促進し，公人側も民事訴訟法の当事者照会制度を活用して証拠開示を求めることでマス・メディアに対抗しうる，と説く。

　このように，公人の名誉毀損訴訟において現実的悪意の法理を参照し，公益性及び真実性・相当性の立証責任を原告に転換するという提案は，表現の自由を保障する観点から一定の評価ができる。公共性の要件において公人か否かを判断し，原告の類型によって裁判の勝敗を予測しやすくすることは萎縮効果を防ぐことにつながるからである。

　しかしながら，この立証責任の転換を図るアプローチは，概念の不明確な相当性理論の枠組から抜け出ていないと指摘しうる。たとえ証明責任の所在を変えたとしても，訴訟において原告に要求される証明の程度を裁判官が事実上低くすれば，被告に「相当の理由」がないことの証明が容易になり，結局，マス・メディアの免責範囲が広がらないことになりかねない[40]。相当性理論の問題点を漸進的に修正しようとする試みは傾聴に値するが，その枠組を変更することなく，予測が付きにくいという根本的な問題点を克服できるかについて疑問を拭い切れないのである。

(2)「強い公共性」の視座

　そこで，判例の名誉毀損法理を分析すると，問題となる事項が強く保護されるべき程度の公共性を有する事項か，それほど強く保護されるべきとはいえない程度の公共性を有する事項なのか，を明確

40　前田・前掲注 (21)「相当性理論 (2・完)」239頁。

に区別し,「強い公共性」を有する事項に関する表現を特に強く保護するという「視座」が意識されていなかったように思われる。この点,アメリカの判例においては,公的事項に関する表現の自由を特に保障する視座が繰り返し示されている。例えば,前述した Times 判決では,公的事項に関する表現の自由は憲法修正第1条によって保障され,自由な政治的討論の機会を維持するという大原則を示すだけでなく,マス・メディアが公的人物の功罪や行動を報道する自由を行使してきたように,公職者の職務行為について自由に公的議論する権利はアメリカの基本原理であり,政府や公職者に対する批判を保護することは憲法修正第1条の中核的意味であって,政府批判が表現の自由の核心部分であると宣言し,強い公共性を有する政治的な表現を特に手厚く保障する姿勢を明確にしている[41]。

これに対し,日本の判例法理は時折,「公共的事項に関する表現の自由」と強調しながらも,Times 判決のように公的事項に関する議論に焦点を当てて深く考察することはせず,「公共の利害に関する事実」に当たるか否かを検討することに終始していたように思われる[42]。確かに最高裁判所は,公共性の要件について「摘示された事実自体の内容・性質に照らして客観的に判断される[43]」と明らかにするとともに,政党間の批判・論評は公共性の極めて強い事項に当たると判示[44]したり,国会議員及びその候補者については,その適否の判断にはほとんど全人格的な判断を必要とする,と判示[45]してい

---

41 376 U.S. at 269-83, 292.
42 学説においても,奥平康弘『ジャーナリズムと法』137頁(新世社,1997)では,刑法230条の2の3要件のうち,事実の公共性と目的の公益性を合体させて,「公共性のつよい情報(=公共情報)がからんでいる場合」と理解してよい,と説明する。しかし,事実の公共性の要件を充たす場合とは,「強い公共性」を有する事項だけではなく,それほど強く保護されるべきとはいえない程度の公共性を有する事項の場合もあり,この点について,この見解がどのように考えているか必ずしも明らかではない。
43 最1小判昭和56年4月16日刑集35巻3号84頁。
44 最2小判昭和62年4月24日民集41巻3号490頁。

る。しかしながら,「公共的事項に関する表現の自由は,特に重要な憲法上の権利として尊重されなければならないものであり,憲法21条1項の規定は,その核心においてかかる趣旨を含む[46]」と高らかに謳いながらも,公職者,とりわけ政治家に対する名誉毀損について報道の自由を広く認めるのが裁判例であるとは言いがたく[47],事実の公共性が強いかどうかという「公共性の程度」には余り関心を払わないまま,結局,名誉権と表現の自由の調整は相当性理論に止めていたのである。

本来,表現の自由は,民主政過程を支えるものであることは言うまでもない。民主政において「公的事項」に関する議論が自由かつ活発になされるためには,公的事項に関する議論をそれ以外の議論と意識的に区別したうえで,さらに問題の公的事項が強く保護されるべき程度の公共性を有するか否かについて検討し,「強い公共性」を有する事項は,憲法によって,より手厚く保障すべきではなかろうか。ここで「強い公共性」とは,例えば政治家[48]の不正行為が典型であるが,佐藤教授が「統治過程に直接かかわる事柄」と述べたように,政府の政策決定過程に関わる公職者の行為など,民主主義国家の主権者たる国民が,強い関心をもってしかるべき事項についての公共性を言うと考える[49]。政治家の不正行為など国民が強い関心を持ってしかるべき事項は,「強い公共性」を有する,と言いうるのである[50]。

---

45 最1小判昭和41年6月23日民集20巻5号1118頁。
46 最大判昭和61年6月11日民集40巻4号872頁。
47 五十嵐・前掲注(17)128頁。
48 渋谷秀樹「公正な論評の法理——長崎教師批判ビラ事件」メディア判例百選71頁(2005)では,表現媒体を容易に用いることのできる公選の公務員を「強い公務員」,そうではない者を「弱い公務員」と説明している。
49 「公正な論評」の要件である公共性についてではあるが,奥平・前掲注(42)177頁では,教育公務員の教育活動に関する「公共性」と,英和辞典の内容や犯罪被疑者の読書傾向に関する情報の「公共性」とは性質がかなり違い,後者は「公共の関心事」「公衆の好奇心」に限りなく近くなる,と指摘している。

こうした「強い公共性」という観点からすると、問題となる事項の公共性の程度を明確な形では意識しない相当性理論は、公的事項に関する表現の自由に対する意識が希薄だった面があると言わざるを得ないであろう。公人の職務行為に関する事項は、前述したように「強い公共性」を有するものであり、喜田村説が主張するように、公人に対する批判的報道は自由になされるべきであるとすれば、公人の名誉を保護する程度は弱くなり、その分だけ表現の自由を手厚く保障する要請が大きくなるはずである[51]。マス・メディアの批判にさらされ、国民の監視を受けることが公人の社会的責任とも言え、公人は名誉毀損訴訟で立証責任の負担を甘受すべき積極的理由を有する、と解される。公人には、私人とは違って、マス・メディアを通じた一定の反論能力があり、自力救済の可能性は大きい。まさに「強い公共性」を有する公人について、その名誉権を相当性理論によって、私人とほぼ同様に手厚く保護する必要はないと言えよう。そこで、少なくとも公人に関する言論には、これまで繰り返し述べてきたように、疑問点が山積している相当性理論を適用するのではなく、より言論保護的な現実的悪意の法理を適用すべきであると考える。

(3) 日本の判例法理への組み入れ方

それでは、現実的悪意の法理は、どのような形で日本の判例法理に組み入れたらよいのだろうか。

---

50 棟居快行『憲法解釈演習——人権・統治機構』93頁（信山社、2004）では、他人のプライバシーや名誉などの諸価値との調整に当たり、公人の人格に関する情報については、民主主義や参政権の行使に必要不可欠な基本的国政情報と並んで、明らかに「知る権利」が優先する、と指摘している。

51 伊藤正己「プライバシーと表現の自由」ジュリ増刊『憲法の判例〔第3版〕』129頁（1977）では、プライバシーに関してではあるが、原告が公的存在であるときは、民衆の知る権利は拡大し、それだけ表現の自由保護が強まり、逆にプライバシーの権利が狭められることがある、と説明している。

判例の名誉毀損免責法理を見ると、事実の公共性の要件は、「摘示された事実自体の内容・性質に照らして客観的に判断されるべきもの」とし、目的の公益性の要件については、「摘示する際の表現方法や事実調査の程度などは、……公益目的の有無の認定等に関して考慮されるべきことがら」としている[52]。この『月刊ペン』事件最高裁判決は、学説上、公共性の要件としばしば「連動」していると考えられている公益性の要件[53]を判断するに当たり、摘示方法と並んで「事実調査の程度」を重視している点が注目される。

ただし、免責3要件のうち公益性の要件は、これまであまり着目されてこなかったと見られている[54]。近時の美容整形論争事件東京地裁判決[55]は、この「公益を図る目的」の内容を正面から取り上げ、発言の動機などの主観的関係のみならず、表現方法の相当性や根拠となる裏付資料の有無などの客観的関係をも併せて検討することを明示したうえで、客観的関係がないことを理由に公益目的性を否定した[56]。これは、「事実調査の程度」を検討する客観的な要素として「根拠となる裏付資料の有無」を明らかにしたと言える。その後、公益目的の判断基準として、客観的関係を独立して検討する裁判例が続く傾向にある[57]。

このように、公益性の有無を判断する際には、マス・メディアが根拠となる裏付資料を得るなど、正確な事実を追究する取材をどれ

---

52 最1小判昭和56年4月16日刑集35巻3号84頁。
53 浜田純一『情報法』72頁（有斐閣、1993）。
54 山田八千子「公益を図る目的の否定——美容整形論争事件」メディア判例百選43頁（2005）。
55 東京地判平成2年1月30日判タ730号140頁。
56 山田・前掲注（54）43頁は、この点が「従来の裁判例には見られなかった」と指摘している。
57 例えば、東京高判平成2年9月27日判時1359号38頁、東京高判平成6年9月22日判時1536号37頁、横浜地判平成13年10月11日判タ1109号186頁、東京高判平成14年2月20日判時1782号45頁、最1小判平成15年10月16日民集57巻9号1075頁など。このほか、山田・前掲注（54）43頁参照。

だけしたか，が焦点の1つとなろう。マス・メディアが正確な事実を追究せず，真偽について御座なりの取材に終始したならば，真実の伝達というマス・メディアの「使命」を忘れたと言わざるを得ず，まさに公益目的の存在が問われることになる。

　思うに，現実的悪意の法理の趣旨は，報道内容が虚偽と認識して，あるいは虚偽か否かを無謀にも無視してなされた，例外的な場合を除く表現が保護される点にある。こうした虚偽についての「故意又は重過失」ともいうべき現実的悪意は，まさに裏付資料を得るなど正確な事実を追究しないマス・メディアの姿勢を示すものであり，目的の公益性を否定する大きなファクターになりうる[58]。確かに，現実的悪意が認められる場合，論理必然として公益目的が否定される訳ではなく，公益を図るためでも虚偽か否かを無視して報道することは，可能性としては考えられる。しかしながら，マス・メディアが公益を図る目的があると強弁しても，報道内容について間違いであると分かっていて，あるいは間違いかどうか確認しようともせず報じた場合には，もはや表現の自由を主張する資格を欠き，目的の公益性の要件は充たさないとみなすことができよう。したがって，極めて稀に公益目的と現実的悪意の並存する可能性があるとしても，表現の自由保障の観点から，現実的悪意がある場合には公益目的を否定することができると解される。公益目的は名誉毀損を免責させるプラスの要件であり，現実的悪意は免責させないマイナスの要件であるが，名誉毀損の判例法理をより明確にして予測可能性を高めるために，「強い公共性」を有する事項に関する表現については，この2つの要件を入れ替えうると思われる。

　目的の公益性について「その要件が明確な基準性をもたないものであるだけに，表現の自由の保障に対する歯止めとはならない」とする最高裁判所裁判官意見[59]もある。そこで，こうした「不確定な要

---

[58] 浜辺・前掲注（17）130頁。
[59] 最大判昭和61年6月11日民集40巻4号872頁・谷口正孝意見。

件」である公益性の要件に代えて,「強い公共性」を有する公人に関する言論には現実的悪意を要件とし,後述する公人類型を再構成して一部の公人に事実の公共性の要件が認定され,原告の公人がマス・メディアの現実的悪意を立証できなかった場合,真実性・相当性の要件は審理することなく被告が勝訴するという相当性理論よりも明確な定義づけ衡量の枠組を提案したい。その際,事実の公共性は,裁判所が客観的な立場から原告の公共性の根拠を検討して公人か否かを判断[60]し,現実的悪意は,不法行為に基づく損害賠償請求訴訟の原則通りに,原告の公人側が立証責任を負担すべきである(詳細については,第5章第3節において詳述する)。

現在の判例枠組を前提にしても,「公人」については公共性があるとされる根拠を個別に検討し,この根拠に関わる限りにおいてのみ名誉の保護範囲が狭くなると考えられている[61]。公人に関する名誉毀損という一定の表現類型については,相当性理論よりも明確な定義づけ衡量として,現実的悪意がある場合だけ規制することが許されると解すれば,現実的悪意を基礎としない名誉毀損的表現は,憲法的に保護することが可能になる。以上のように,公人の名誉の保護範囲が狭くなる,表現の自由に配慮した定義づけ衡量という点からみても,現実的悪意の法理の趣旨を日本に導入[62]することは,相当性理論を確立している最高裁判所の判例法理の趣旨にも適ったものと言えよう。

---

60 公共性の立証責任は原告にある,すなわち原告が公人ではないと主張・立証し,その上で裁判所が判断すると考える。
61 浜田・前掲注(53)72—73頁。
62 国会議員の議院における発言が違法となるかどうかという論点についてではあるが,最3小判平成9年9月9日民集51巻8号3850頁は,「当該国会議員が,その職務とはかかわりなく違法又は不当な目的をもって事実を摘示し,あるいは,虚偽であることを知りながらあえてその事実を摘示するなど,……特別の事情があることを必要とする」と現実的悪意の法理に近いルールを判示し,注目された。五十嵐・前掲注(17)130頁。

第3節 小　括

　このように解すると，事実上，書き放題となり，「言論の暴力」を野放し状態にするという批判がありうる。しかしながら，表現の自由は，民主主義の根底をなすものとして憲法上，優越的保障が与えられており，むしろ過保護（over protection）にすることが要求されているとも言える[63]。表現の自由は民主政過程に不可欠の権利であるが故に，本来保護に値する表現だけを保護していたのでは，限界線上の事例では危ない橋を渡るより沈黙を選ぶ恐れがあり，本来保護に値する表現さえなされなくなってしまうから，本当に価値のある表現を保護するためには「緩衝地帯」を設けて，本来なら保護に値しないかもしれない表現をも一定程度保護しなければならないと思われる[64]。

　現実的悪意の法理に対しては，前述の通り，その内容が不明確であると指摘されることがあるが，他の判例法理でなされているのと同様に，「現実的悪意」とは何かを明確にして，判例を積み重ねていくことで解決を図ることができると考える。また，現実的悪意の法理は，表現者の「主観」を重視しすぎるという批判もありうるが，前に述べたように，裏付資料を得るなど正確な事実を追究する姿勢があったかどうかは，取材過程など「客観」的な面から判断することができよう。さらに，「実定法上の根拠を欠く」という批判には，刑法や民法など法律レベルでは明文規定を欠くが，憲法21条こそが「実定法上の根拠」だと反論しうる[65]。相当性理論を導入した『夕刊和歌山時事』事件最高裁判決自体，法文上は真実性の証明が要求さ

63　平川・前掲注（17）104－105頁。
64　松井・前掲注（21）47，71頁。
65　松井茂記「名誉毀損と表現の自由」山田卓生編集代表『新・現代損害賠償法講座2　権利侵害と被侵害利益』111頁（日本評論社，1998）。

れているのに「相当の理由」で足りるとしており、法律に明文規定がない場合でも憲法の趣旨から、判例によって新たな法理を導入することは十分可能であると思われる[66]。

日本のマス・メディアの現状について、山川洋一郎弁護士は、「公務員や政治権力者の非行などを調査報道で書いて、名誉棄損で厳しく争ったというような事件がない[67]」と評する。日本新聞協会の新聞法制研究会も、「わが国のジャーナリズムは政治家の私行の報道に自制的であるが、その体質については反省と再検討の余地がある」とする[68]。また、裁判所は捜査当局の発表に依拠した報道では比較的容易に免責するのに対し、公人批判の報道は公式捜査開始前の疑惑段階でなされることが多いため、取材源秘匿の原則からマス・メディア側が真実性・相当性の立証に行き詰まることが少なくなく、「私人より厳しい批判にさらされなければならない公人ほど批判を免れやすい逆転現象が生じている」という指摘[69]もある。マス・メディアに萎縮効果が及ぶことを避け、民主政に不可欠な表現の自由を実効的に息づかせるため、現実的悪意の法理の導入が求められると言えよう。

この法理を採るとすれば、実際にはより明確に類型的検討ができるから、あてはめが細かくなり、対象はどういう立場の「公人」なのか、マス・メディアの「意図」はどのようなものであったのか、

---

66 意見による名誉毀損についても、法文上は真実性の証明による免責はないにもかかわらず、最1小判平成元年12月21日民集43巻12号2252頁は、アメリカの「公正な論評（fair comment）」の法理を採り入れ、一定の要件を充たす場合、その前提事実が主要な点において真実であることの証明があったときは、名誉侵害の不法行為の違法性を欠く、とした。松井茂記「意見による名誉毀損と表現の自由」民商113巻3号4頁（1995）、長岡徹「公正な論評の法理」憲法判例百選I〔第5版〕146頁（2007）、渋谷・前掲注（48）70頁参照。なお、事実の公表と意見・論評の区別については、最3小判平成9年9月9日民集51巻8号3804頁参照。
67 江橋崇ほか「法と新聞の現在」日本新聞協会研究所編『新・法と新聞』294頁〔山川発言〕。
68 日本新聞協会研究所編『新・法と新聞』90頁（日本新聞協会、1990）。
69 飯室勝彦『報道の自由が危ない——衰退するジャーナリズム』140頁（花伝社、2004）。

第3節 小 括

マス・メディアはどの程度の取材過程を踏まえ「真実性」をいわば手続き的に担保すべきであったのか,など事案ごとの特徴を衡量に取り込むことが可能となるように思われる。

現実的悪意の立証責任を原告側に負担させる場合,原告はアメリカと同様に,被告の執筆・編集当時の心理状態に関する質問や,特別の証拠開示手続による執筆・編集過程の開示を要求することができるようにすべきであるし,報道機関側のメモ類に対して,裁判所からしばしば証拠提出命令(もちろん,コピーの黒塗りなど取材源を秘匿[70]する措置が講じられることが前提である)が出ることはやむをえないだろう。現行制度でも,真実性・相当性の立証責任はマス・メディアにあるため,それらの調査,裁判での主張や弁解は避けられない。むしろ,そうした「弊害」に目を向けるよりも,立証責任の転換を図ったうえで,取材対象の一方の言い分のみを鵜呑みにしていないか,証言だけでなく「物証」に相当する外形的事実の収集に努めたかなど,取材・編集過程における時間的制限の枠の中で十分かつ適切な取材をしたかどうか,すなわち「手続きの適正」を問うほうが,より表現の自由保障につながると言える。

---

70 「取材源の秘匿」がどこまで認められるかも,マス・メディアの表現の自由にとって,言うまでもなく決定的に重要である。この点,民事事件であるものの,最3小決平成18年10月3日民集60巻8号2647頁が取材源秘匿を広く認めており,注目される。鈴木秀美「取材源の秘匿と表現の自由」憲法判例百選Ⅰ〔第5版〕156頁(2007)参照。名誉毀損法理との関係では,取材源秘匿が違法視されないだけでなく,さらに取材源秘匿のままで真実性・相当性が認められる(あるいは立証責任が転換される)方向に向かう必要があろう。この平成18年最高裁決定については,記者側の代理人として事件に関与した弁護士の立場から解説した,一井泰淳・下久保翼「取材源の秘匿を認めた最高裁決定——取材・報道の自由を守った判断の意義」新聞研究665巻30頁(2006)参照。取材源の秘匿に関する「判批」として,伊藤正己「取材源の秘匿と新聞の自由」マスコミ判例百選〔第2版〕10頁(1985),清水英夫「取材源の秘匿と公正な裁判——北海道新聞記者証言拒否事件」マスコミ判例百選〔第2版〕12頁(1985),青柳幸一「取材源の秘匿と表現の自由——朝日新聞記者証言拒否事件」メディア判例百選4頁(2005),笹田栄治「取材源の秘匿と公正な裁判——北海道新聞記者証言拒否事件」メディア判例百選6頁(2005)など。

このようにして「手続きの適正」が認められた場合，名誉毀損の結果責任を負わないという，表現の自由を手厚く保障する方策を検討すべき時期が来ているのではないかと思われる。結果責任を問うことよりも「過程・手続き統制」が重要であるという立場からは，こうした取材・編集段階におけるプロセスを重視することによって，正当と言いうる取材に裏打ちされた「手続きの適正」さえ踏まえていれば名誉毀損責任を問われないという，いわば「プロセス的名誉毀損法理」が求められる。もちろん，「手続きの適正」の認定には，時間的制限がある中で十分かつ適切な取材が必要である。例えば，関係者が否定しているのに本人への直接取材を怠ったり，まず結論ありきで裏付も取らず大半の取材を終え，締め切り間際に形だけ本人のコメントを取るといった手法[71]では，「手続きの適正」を認められないであろう。マス・メディアは立証責任の転換が図られる代わりに，「自己規律」を強化するとともに，国民の知る権利に奉仕するため「公人」に対するチェックを強めていくべきなのである。

次章では，公人に対するマス・メディアによる名誉毀損に焦点を絞り，より実効的な名誉権と表現の自由との調整を考察する。

71　広田健一「最低限の『裏付け取材』を怠る一部週刊誌の実態」潮2006年11月号342頁。

第5章　日本における公人の名誉保護

第1節　公人の名誉権

第1款　議論する意義

　マス・メディアが人の名誉権を集中的に侵害したり犯罪報道を過熱させたりすると，マス・メディアを警戒する論調が高まる。「メディアと人権」のように対立した形で論じられることが多いが，これは本来，対立した枠組ではなく，一見相反する要請を調和させる意味にとらえるべきである[1]。報道における人権問題は，報道か人権かという表面的な二項対立式の議論ではなく，個々の場面ごとに柔軟かつ本質的な調整をとることを考える必要がある[2]。そこで，マス・メディアと言論対象の関係を考える際，「公人」の名誉権保護については，国民の知る権利を保障するため，私人とは異なる特別な考慮が必要ではないかと思われる。個人の名誉権保護と表現の自由保障との調整に当たり，言論対象の人物が社会で占める地位を考慮し，「公人」の名誉権を私人よりも特に制約することができるだろうか。

　最高裁判所は，「名誉を毀損することは言論の自由の乱用」とし，「憲法の保障する言論の自由の範囲内に属すると認めることはできない」と判示している[3]。しかしながら，真実を報道する過程におい

1　堀部政男「マスコミと人権」ジュリ449号56—58頁（1970）。
2　飯室勝彦『報道の自由が危ない——衰退するジャーナリズム』120頁（花伝社，2004）。
3　最大判昭和31年7月4日民集10巻7号785頁。蟻川恒正「謝罪広告強制の合憲性」

て，結果として人の名誉を毀損することは，果たして「言論の自由の乱用」と言えるか疑問である。確かに，名誉毀損を「負」の側面から見ると，表現対象者の社会的評価は低下せざるをえないとは言え，表現の受け手である国民には，社会や政府の問題について関心・理解を深める有益な情報であるという「正」の側面も否定しがたく，一刀両断に「言論の自由の乱用」と言い切ることを首肯することはできない。

そもそも，真実を報じても，人の社会的評価を低下させた場合，まず名誉毀損がいわば「推定」され，公的事項に関して真実性あるいは相当性を立証して「免責」を得るという枠組自体に問題があると考えられる。不法行為責任を負うのが「原則」であり，真実性あるいは相当性が立証できれば「例外」として責任を負わないという構造が本末転倒していると思われる。刑法230条の構成要件の「事実の有無にかかわらず」という部分に問題があり，合理的根拠・資料に基づく表現行為は憲法上保障された表現行為であるという憲法論の観点からは，そのような表現行為も違法であることを前提とする構成に対して疑問が呈されている[4]。正当な言論は表現の自由に含まれるから，公的問題に関する討論・意思決定に必要・有益な情報の流通を確保するのに必要な限り，名誉を侵害する事実摘示は，違法とされてはならないはずである[5]。公的議論は，立脚する事実の主要部分が真実か，真実性を推測させるに足る程度の相当な合理的根拠・資料に基づいたものである限り，結果として被論評者の社会的評価が低下することがあっても，表現の自由として憲法によって保障される，と解されている[6]。人の名誉を毀損しても，具体的状況

　　メディア判例百選142頁（2005）参照。
　4　芦部信喜編『憲法Ⅱ　人権（1）』507-09頁〔佐藤幸治〕（有斐閣，1978）。
　5　平川宗信「名誉毀損罪と表現の自由」ジュリ653号53頁（1977），平川宗信『名誉毀損罪と表現の自由』86頁（有斐閣，1983）〔2000年に復刻版発行〕。
　6　佐藤幸治『憲法〔第3版〕』452頁（青林書院，1995）。長岡徹「表現の自由と名誉毀損」ジュリ増刊『憲法の争点〔第3版〕』106頁（1999）では，「公共性のある事項

において事実の公共性及び目的の公益性を有するなど不当に権利侵害したといえない場合、「言論の自由の乱用」ではなく、「言論の自由の範囲内」と言えよう[7]。むしろ、表現対象者が隠しておきたい情報を広く社会に伝えることはマス・メディアの役割であり、「正当業務行為」と言いうるようにすら思われるのである[8]。

「名誉」とは、外部的名誉、すなわち人に対する社会一般の評価を意味する、と解されている[9]。最高裁判所は、『北方ジャーナル』事件判決[10]で「人格権としての個人の名誉の保護（憲法13条）」と述べ、名誉が人の人格価値の根幹に関わるものとして、憲法13条によって保障される趣旨を明らかにした。しかしながら、名誉権の保護といっても、全ての人が等しく扱われるべきであるとまでは言えない。名誉とは人に対する社会一般の評価をいうのであるから、それを侵害された人の社会的役割や属性、地位などによって保護の程度が変わりうる。また、ある人の社会的評価は、本人にとって人格的価値や財産的価値があるだけでなく、社会の利害をも構成しているとい

についての情報の自由な流通の確保は民主主義の本質にかかわり、かかる言論の保護こそ表現の自由の保障の中核をなす。……公共性のある問題についての言論は、仮に人の名誉を傷つけることがあったとしても、憲法上保護されるのが原則だと考えるべきである」とする。三島宗彦「真実の証明と人格権侵害」伊藤正己編『現代損害賠償法講座2　名誉・プライバシー』139—40頁（日本評論社、1972）は、真実の報道で人の名誉を傷つけたとしても、それが政治家などの非難すべき行動に関するもので、専ら世論を喚起する目的に出たような場合ならば、報道機関の使命に沿ったものとして是認されなければならない、と指摘する。山元一「真実性の抗弁——表現の自由と名誉毀損罪」法教236号13頁（2000）は、政府や団体・個人に対する監視と批判を重要な社会的使命とするマス・メディアが、公人の名誉を何らかのかたちで毀損することなく報道することはほとんど不可能である、と主張する。

7　尾吹善人「言論の自由と名誉毀損」マスコミ判例百選21頁（1971）参照。
8　東京地判昭和25年7月13日下民集1巻7号1088頁は、報道機関が被疑事件に関連して犯罪の動機、容疑者の経歴、性格、家庭の状況などを報じる場合、「新聞紙の社会的報道機関としての正当業務の行為に属する」と評価する。大判昭和13年12月15日大刑集17巻23号927頁は、新聞による名誉毀損について刑法35条の正当行為を援用して免責した。正当行為について、尾吹・前掲注（7）18頁参照。
9　大塚仁『刑法概説（各論）〔増補2版〕』119頁（有斐閣、1980）。
10　最大判昭和61年6月11日民集40巻4号872頁。

う名誉権の権利の性格から見ても、公共的なものに関わる人物の名誉権は、保護の度合いが弱まると考えられる[11]。言論対象の地位が公的であればあるほど、名誉保護の要請よりも表現の自由保障の要請が優越すると言えるのである[12]。

この点、言説の対象者が「公人」か否かという問題提起について、日本では少なくとも法的には余り実益のある議論ではない、という見解がある[13]。日本の判例法理は、言説対象者に焦点を当てた議論はせず、摘示事実が「公共の利害に関する事実」に当たるか否かという言説内容に焦点を当てた規範になっているからという。確かに、この見解が主張するように「公人か私人か」の区別は、その人の家族的身分や社会的地位から「一義的・静的」に決まるものではなく、問題とされている事項の内容や、当該事項に対する本人の関与の態様及び程度によって変わらざるを得ないという面もある。しかしながら、アメリカで展開されてきた公人に関する議論は、身分や地位のみから「抽象的な概念区別」をすることに狙いがあるのではなく、表現の対象者が公的論争に対してどの程度、自発的に関与したかという点にスポットを当て、公人に関する表現の自由を手厚く保障することに狙いがあった。公人に関する議論は、摘示事実が「公共の利害に関する事実」に当たるか否かを検討する際、表現客体の属性が重要な判断材料の1つであるという「注意喚起」に役立つことに止まらず、表現の自由をめぐる日本の判例法理の枠組自体に疑問を投げかけるアプローチなのである。

第2款　公共空間における相互関係

マス・メディアによる名誉毀損を考える場合、メディアが作り出

11　駒村圭吾『ジャーナリズムの法理――表現の自由の公共的使用』176頁（嵯峨野書院、2001）。
12　山川洋一郎「表現の自由と名誉毀損――公共の関心事をめぐる問題」清水英夫教授還暦記念『法とジャーナリズム』353頁（日本評論社、1983）。
13　佃克彦『名誉毀損の法律実務』226—27頁（弘文堂、2005）。

第 1 節 公人の名誉権

し，言説が交換される公共的な社会空間「公共圏[14]」において，マス・メディアと表現客体との「相互関係」が問題となりうる。こうした公共空間において，マス・メディアの特定人（メディアが採り上げるに値するという意味で，何らかの社会的に重要な地位や役割を一時的にせよ担う個人のはずである）に対する批判的な記事は，爾後の論争を喚起する，いわば「第1発声」としての性格を有するというべきであり，そこでまず，マス・メディアの「第1発声」と批判される人の「第2発声」をどう捉えるか。批判される人が私人の場合，言論には言論で反論せよという「対抗言論」の発想は妥当しがたいが，批判される人が政治家なら，まさに「対抗言論」が求められる[15]。にもかかわらず，政治家が自ら反論せずに裁判所の介入を期待すると，コミュニケーション・プロセスの破壊をもたらしかねない。政治家には，裁判的救済のみならず反論の機会・場が提供されうるのであり，マス・メディアと「公人」の関係では，単なる表現内容だけでなく，こうしたコミュニケーション・プロセスにも目を向ける必要が出てくる。

　また，マス・メディアは何をするべきなのか，あるいは何をするべきでないのかも問題となる。前にも検討したように，国政の判断材料を入手し，主権者たる国民に伝達するのはマス・メディアの役割である。その際，一般私人と「公人」を分けて考える必要がある。私人は，犯罪に関与した場合など正当な公的関心の対象となった時に初めて報道対象となる。これに対し，政治的権力に関与する公人

14　花田達朗『メディアと公共圏のポリティクス』（東京大学出版会，1999），本秀紀『『市民的公共圏』と憲法学・序説』法時73巻1号62頁（2001）など参照。棟居快行「プロセス・アプローチ再訪」高田敏先生古稀記念『法治国家の展開と現代的構成』4，12頁（法律文化社，2007）では，「国家と社会の二元論」が説く国家―国民という関係，すなわち「公共空間」と，社会―個人という関係，すなわち「私的空間」にあって，「人格権的権利として分類される名誉権については，……『公共空間』における『公民』に付随した権利であるように思われる」と指摘する。
15　松井茂記『マス・メディアの表現の自由』102，106頁（日本評論社，2005）。

は，国民のチェックという観点から，職務に関する行為については批判されても受忍しなければならない。公人が対象となる名誉毀損的表現は，国民の知る権利にも関わる重大な問題なのである[16]。とりわけ，公選の公職者たる政治家は，公職にふさわしいか全人格的なチェックを受けるべきであるから，職務に関連する行為のみならず，私的行為についても批判を甘受しなければならない。

第3款　公人と私人の区別

では，現実的悪意の法理において，なぜ「公人」と「私人」を区別[17]し，この法理を「公人」にのみ適用すべきとするのだろうか。第2章及び第3章で検討したように，アメリカでは，現実的悪意の法理が適用される公人と，適用されない私人は，主に「メディアへのアクセス（access to the media）」，「危険の引き受け（assumption of risk）」の有無で区別される[18]。

まず，「メディアへのアクセス」とは，名誉を毀損された場合，効果的にマス・メディアを通じて自力救済することをいう。公人には反論能力があり，政治家に典型例が見られるように，事実が虚偽ならば，反論の記者会見を開くことができる。会見は，ニュースとし

16　芦部信喜『憲法〔第4版〕』178頁（岩波書店，2007）。

17　長谷部恭男『憲法〔第3版〕』164頁（新世社，2004）では，公人にはマスコミなどを通じて反論する機会が十分あるであろうから，一般市民と区別することには一応の理由があるかに見えるとしながらも，現実的悪意の法理は，表現の自由を広範に保護する一方で，名誉を尊重する人々を政治の世界から排除する効果をも持つであろうし，日本における名誉毀損訴訟での損害賠償額の水準はアメリカに比べて相当低いため萎縮効果もさほどではなく，それだけ同法理によって損害賠償請求を限定する必要性も低いはずである，と主張する。しかし，名誉を尊重する人々が同法理の制約を自ら受忍したうえで政界入りする可能性もあり，日本における損害賠償額は高額化の傾向にあることから，少なくとも近時においては，これらの指摘は必ずしも的を射ているとは言えない。「公人／私人」の区別については，京野哲也「私人の名誉は公人の名誉より軽いか（1）——名誉・プライバシー侵害訴訟再考の視点」判タ1250号33頁（2007）参照。

18　RODNEY A. SMOLLA, LAW OF DEFAMATION 2-24 (2nd ed. 2002).

て報道され，告訴や提訴の段階でも重ねて報じられる。政治家などは，自分で手間暇かけて，虚偽の事実を摘示した者の民事責任を追及するのが本筋とも考えられる[19]。確かに，マス・メディアの社会的影響力が強大化している今日，反論能力があるとされた公人も，強大なマス・メディアには自力で太刀打ちできない状況にある，という見方も成り立ちうる[20]。しかし，公人は，マス・メディアを通じて自己の言い分を社会に発する反論能力が私人と比べ格段に高いことは明らかだろう。法的救済策はなくとも，記者会見などで事実上の救済を自ら行うことができるから，虚偽の事実が「情報の市場」に混入されたままになる訳ではない。このように，虚偽の言説に反論・訂正しうる可能性が私人よりも大きい人物は，「メディアへのアクセス」という要件を充たす。

次に，「危険の引き受け」とは，名声を得たことによって公的な監視を受け，名誉毀損の言説にさらされる「危険」を自ら引き受けることをいう。公人は，公益に関する職務に従事している限り，一種の「危険負担[21]」，すなわち，事実に基づく一定の批判を受けることを甘受しなければならない。公職者の名誉を表現の自由との関係で多少とも犠牲にできるのは，公益に関する表現の自由の重要性に基礎づけられる。公職者以外の公的人物についても，その人を公的たらしめる何らかの「専門性」故に，その信頼性についてマス・メディアのチェックを受けざるを得ない。その人が信頼するに足るかどうかを市民に代わってチェックし，もし虚像があればそれを剥ぐのがマス・メディアの役割と言えるからである[22]。情報の受け手は，専

---

19 山元一「真実性の抗弁——表現の自由と名誉毀損罪」法教236号14頁（2000）。民事・刑事2本立て責任追及の問題点については，奥平康弘『ジャーナリズムと法』141—42頁（新世社，1997）。
20 清水公一「アメリカにおける表現の自由と名誉権の調整——学説の新動向」法学政治学論究10号182頁（1991）。
21 奥平康弘『表現の自由Ⅱ』279頁（有斐閣，1983）。
22 棟居・前掲注（14）17頁では，政治家などの公人の場合，「公共空間」のアクター

門内容については分からないが、信用できるかどうかは判断しうる。メディアにアクセスすることができ、公衆による評価の前に身を投じた公人の場合、批判にさらされる途を自ら選択したものと言えるし、法的救済を事前に放棄したとも解しうるから、名誉毀損には基本的に表現で対抗すべきなのである[23]。自発的に公的人物の地位に達した人は、社会の出来事で特に顕著な役割を引き受けたと見られることから、「危険の引き受け」という要件を充たすと考えられる。

このようにして「公人」と認定された者は、公共空間においてメディアへのアクセスを有し、危険を引き受けるなど、私人とは異なった社会的地位・役割を持っているうえ、国民の知る権利との関係からも、対象の地位が公的であればあるほど、名誉保護の要請よりも表現の自由保障の要請が優越すると言えるから、「公人」であるかどうかに焦点を当て、「公人」については、私人とは異なる名誉毀損の法処理がなされ、その名誉権を私人よりも特に制約することができると思われる[24]。

最高裁判決においても、公人と私人を区別する考え方は繰り返し示されている。例えば、『石に泳ぐ魚』事件判決[25]では、「公的立場

であるのに、そこでの振る舞いによって特定の個性（擬似人格）を帯び、その結果、十分な言論を尽くしていないのに無批判的な支持を得ることがあるが、こうした支持は本来対等のアクター間の徹底した討議という観点からは夾雑物というべきであるから、「それを破壊する名誉毀損表現は、真実性・相当性がある限りにおいては、むしろ『公共空間』の維持にとって好ましい」と分析する。

23 松井茂記「名誉毀損と表現の自由」山田卓生編集代表『新・現代損害賠償法講座2 権利侵害と被侵害利益』110頁（日本評論社、1998）。

24 阪本昌成『憲法2 基本権クラシック〔第2版〕』126頁（有信堂高文社、2002）参照。坪井明典「報道の自由と名誉保護との調和——相当性の法理の再考を」自正2005年9月号138頁以下では、私人報道には無過失責任を、公人報道では相当性理論を緩和して事実上、現実的悪意の法理に近いレベルを、と主張している。

25 最3小判平成14年9月24日判時1802号60頁。曽我部真裕「プライバシー侵害と表現の自由——『石に泳ぐ魚』事件」憲法判例百選Ⅰ〔第5版〕140頁（2007）、棟居快行「プライバシー権を理由とするモデル小説の事前差止め——『石に泳ぐ魚』事件」メディア判例百選150頁（2005）参照。

にない」原告が名誉などの侵害によって「重大で回復困難な損害を被らせるおそれがある」として、私人が公人よりも強い保護を受けうることを示唆した。また、ノンフィクション『逆転』事件判決[26]は、前科などに関わる事実の公表について検討する際、選挙で選ばれる公職者やその候補者を「社会一般の正当な関心の対象となる公的立場にある人物」と述べ、公人は私人と比べて前科などの公表を受忍すべき場合が多いことを示唆した、と解しうる。『月刊ペン』事件判決では、私人であっても公的人物であれば、保護される名誉権の範囲は公職者と同様に狭まることが明らかにされた[27]。このように最高裁判決の枠組を前提としても、公人の名誉権を私人よりも特に制約することは許容されうると考えられる。

第2節　公人類型の再構成

現実的悪意の法理を導入した場合、「公人」の名誉権は事実上、大幅に制約される可能性がある。はたして、この法理を全ての「公人」に適用するべきなのか、適用範囲に絞りをかける必要はないのだろうか。

公人とは、「公職者」及び「公的人物」を指すものと解されている。まず、「公職者」について、アメリカ連邦最高裁判所の判例では「政府の事務行為について掌握、もしくは実質的責任を持っている、又は公衆には持っているように見える上級政府職員に属する者」と定義されている[28]。プライバシーに関する概念の定義ではあるが、「日

26　最3小判平成6年2月8日民集48巻2号149頁。田島泰彦「ノンフィクションと前科の公表——ノンフィクション『逆転』事件」憲法判例百選Ⅰ〔第5版〕138頁（2007）、大石泰彦「ノンフィクション作品における前科等事実の公表——『逆転』事件」メディア判例百選92頁（2005）参照。

27　最1小判昭和56年4月16日刑集35巻3号84頁。芦部信喜『憲法学Ⅲ〔増補版〕』355頁（有斐閣、2000）。

28　Rosenblatt v. Baer, 383 U.S. 75, 85 (1966).

本語に意訳するならば、公『権力』担当者ということになろう」とする学説[29]によれば、権力性、つまり政府の事務について大きな裁量権を持っているか否かが基準となる。すなわち、大きな裁量権を持っている公務員は、その職権の行使が国民の権利・義務に直結するから、当然に社会の関心事とされる。これに対し、同じ公務員といっても現業や窓口担当の場合、定型的あるいは機械的な労働が多いから、ほとんど裁量権はなく、その人たちについて当然に社会の関心事ということはできない。それ故、公職者とは、広く公務員一般と解するべきではなく、マス・メディアに対する表現の自由保障が、政治的意思形成を図るため国民の知る権利への奉仕に由来することに鑑みると、「国家意思形成に関与しているか否か」という基準を設定し、明らかに関与している政治家や、行政について一定の権限を持つ中央省庁課長以上の上級公務員などに限るべきであろう。

次に「公的人物」について下級審では、私人でも特別な公共的立場を考慮すれば、「常に広く社会から全人格にわたり厳しい批判、報道にさらされることを当然に甘受しなければならない立場」に対する「批判、報道の違法評価は一般の個人に対する場合とは明白に異なる」と判断されている[30]。社会的地位、公人性の程度に言及し、「公人的存在若しくはそれに準ずる者については、純然たる私人の場合よりも免責の範囲が広いため名誉毀損が成立する場合が限定される」とする判決[31]、あるいは「業績、名声、生活方法等により公的存在となった者、又は公衆がその行為や性格に対して関心を持つであろう職業を選択することにより公的存在となった者」と述べる判決[32]もある。

松井茂記教授は、現実的悪意の法理の適用対象について、「公職

---

29 小林節「有名人のプライバシーと報道の自由」新研433号24頁（1987）。
30 東京地判平成8年12月20日判時1619号104頁。
31 東京地判昭和63年7月25日判時1293号105頁。
32 東京地判平成5年5月25日判タ827号227頁。

者」のほか，公的論争に自ら身を投じメディアにアクセスする手段を有する「公的人物」に限定するべきである，と説く。「公的人物」の定義については，アメリカでの類型を示し，公人の根拠がメディアへのアクセスと自ら公衆の評価の前に身を置いたことであるなら，「全面的公的人物」に加え，「限定的公的人物」のうち「自発的公的人物 (voluntary public figure)」が公人として扱われるべきであり，「非自発的公的人物 (involuntary public figure)」は公人として扱う根拠に欠ける，と指摘する。著名人や芸能人などは，公人としての公的人物に該当することが多い，と付言している[33]。この類型は，アメリカ連邦最高裁判決に沿ったもので，「全面的公的人物」は，社会の出来事に顕著な役割を果たし，全ての観点から public figure と目される人物を指し，「自発的公的人物」は，特定の論争に自発的に参加し限られた問題についての public figure と目される人物を言い，「非自発的公的人物」は，意図することなく公的論点に巻き込まれた人物のことを言う[34]。

しかしながら，「自発的公的人物」全てを公人として扱うべきであるとする見解は，原告側に負担の大きい現実的悪意の法理の適用範囲としては広すぎる嫌いがある。そこで，公共の利害に関わる人たちのうち，「公職者」をはじめ，社会の欲求を国家に直接媒介するという政治的な役割を担う人々を「絶対的公人」と，これに対し，その専門性を通じて一定程度，社会に影響を与える役割を担う人々を「相対的公人」と呼ぶこととする。表現の自由が政治参加に不可欠な

---

33 松井茂記「名誉毀損と表現の自由——憲法的名誉毀損法の展開に向けて（4・完）」民商88巻1号59—60頁（1983），松井・前掲注（23）112頁。駒村・前掲注（11）205—06頁では，公職者に限定して真実性・相当性の立証責任を原告に転換すること，又は公的人物を含め公人全体に現実的悪意の法理を導入し，「危険負担」と「反論能力」の2つで絞りをかけることを提案する。

34 松井・前掲注（33）「名誉毀損（4・完）」53—54頁。公的人物の類型については，本書第2章第3節第3款参照。吉野夏己「民事上の名誉毀損訴訟における公的人物の概念と表現の自由」新報112巻11・12号763頁（2006）も参照。

権利であることを考慮して,「国家意思形成」すなわち国家の政策決定過程に自ら関与する「絶対的公人[35]」と,関与しない「相対的公人」を区別することとし,「絶対的公人」のみを現実的悪意の法理の適用対象とすべきであると考える。「絶対的公人」は,直接議会や行政機関を通じ,あるいは審議会やマス・メディアなどを通じて自発的・積極的に政治に関わることによって,国家の政策決定過程に影響を与えており,まさに「強い公共性」を有すると言いうるからである。

具体的に検討すると,「公職者」は,国家の政策決定過程に自ら関与していることから,「絶対的公人」に該当する。「公的人物」のうち,政治に対して影響を与えるべく積極的に発言する財界団体幹部,審議会の委員を務める文化人,経済人,ジャーナリスト,あるいは政党を支持・推薦したり政党に多額の献金をしたりしている企業,団体幹部などは,これも国家の政策決定過程に自ら関与していると言え,「絶対的公人」に該当する。これに対し,芸能人[36]やスポーツ選手,単なる著名人などは,国家意思形成に対して直接関与していないから,「相対的公人」に該当し,現実的悪意の法理の適用外とするべきである。

---

35 ドイツの「造形美術及び写真による著作物の著作権に関する法律」では,ある人の肖像を同意なく流布・公表することは許されないが,「現代史の領域からの肖像」を例外としている。通説は,描写対象が現代史の人物である場合に,それが「現代史の領域からの肖像」になると解しており,現代史の「人物」は,絶対的人物と相対的人物に区別されると解されてきた。前者は,政治家や有名な俳優など特定の出来事とは無関係に常に世間の注目を浴びている人物をいい,後者は,ある特定の出来事との関係で匿名性を失った人物をいう。鈴木秀美「有名人のプライバシーと写真報道の自由・再考——欧州人権裁判所モナコ・カロリーヌ王女事件判決のドイツに対する影響」法研78巻5号246頁(2005)。

36 棟居快行『憲法解釈演習——人権・統治機構』86頁(信山社,2004)では,プライバシー権の保障に関してであるが,芸能人は政治家らのように,公的批判にさらされるべき「公人」に当たらず,一般人と区別する理由はない,と指摘している。

第3節　現実的悪意の法理の適用範囲

第1款　報道対象と報道内容による限定

　前節で現実的悪意の法理の対象を「絶対的公人」に限定することを検討したが,「絶対的公人」に関する全ての事実について, この法理を適用すべきなのであろうか。公人といっても, その人物が関わる全ての事項に関して, この法理が適用されると解するのは過重な負担になると思われ, 人間の生活次元における「公私の多元性に配慮[37]」し, 公人たる所以となる職務との関連性を考慮に入れる必要があるから, 誰のことを伝えるかという「報道対象」と, どんなことを伝えるかという「報道内容」を区別し, その2つの相関関係で判断すべきである[38]。

　この点, 言論はその内容によって公的な言論である公的事実と, 私的な言論である私的事実に分けられる[39]。公的事実は全て, 国民が正当な関心をもってしかるべき対象事, すなわち「公的関心事」に当たるから, 現実的悪意の法理の適用対象となる。これに対し, 私的事実は原則として, 国民が正当な関心をもってしかるべきとは言えない対象事, すなわち「私的関心事」に該当するから, この法理の適用対象外となる。ただし,「絶対的公人」の私的事実については原則,「私的関心事」に該当するが, 職務に関連する事項などは例

37　駒村・前掲注 (11) 179, 206頁。
38　佐藤・前掲注 (6) 527頁では, プライバシー侵害に関する検討であるが, 統治に責任ある公務員か, 公的存在か, 純然たる私人かという被害者の性格, 及び統治過程に直接関係する事項か, 公の利益に関わる事項か, 全くの私的事項かという公表事実の性質をも考慮しつつ, 自由な情報流通を不当に阻害しないよう慎重な配慮が要請される, と指摘する。
39　佐藤・前掲注 (6) 518頁では, 表現の類型論の典型は, 公的言論の絶対性を説くところに特徴を持つが, 私的言論との区別の困難さ, 絶対性の貫徹の不可能性などが指摘されうる, としている。

外的に「公的関心事」として、現実的悪意の法理の適用対象になりうる。例えば、公務員が誰と住むかは本来、私的事実であるが、その職務にあるが故に公金で建設・維持される官舎に入居し、家族以外の者と無届で同居している場合などが挙げられる。さらに、「絶対的公人」でも特に政治家の私的事実については、それ以外の者と規範的に異なる扱いをするべきであり、有権者は政策だけではなく全人格を含めて一票を投じるから、異性関係や性の問題など純粋な私的事実も、「公的関心事」として、現実的悪意の法理の対象とする必要がある。たとえ他人に知られたくない私的事実であっても、単なる「私的関心事」とは言えず、公職者としての適格性を判断するうえで国民が正当な関心をもってしかるべき対象事として「公的関心事」になりうるのである[40]。

このように現実的悪意の法理の適用対象を公人の一部に限定した場合において、民事上の名誉毀損に関する損害賠償請求訴訟の運用をまとめると次のようになる。

まず、争点整理手続の段階で裁判所は、公共性の要件について原告が公人であるか私人であるかを判断する。公人であるならば、国家の政策決定過程に自ら関与する「絶対的公人」、国家の政策決定過程に自ら関与しない「相対的公人」のいずれであるかを認定する。「相対的公人」及び私人の「公的関心事」に当たる公的事実については現実的悪意の法理は該当せず、相当性理論で処理される。これに

---

40 ただし、大阪高判昭和27年5月17日高刑集5巻5号827頁では、「公務員としての人格、識見、能力等の批判は自由であると云っても、批判の対象は無制限ではなく、それは批判に耐え、批判をかてとして不断の反省努力によって改善し得る公務員の資質に関するものでなければなら」ず、「公務員の資質の向上に少しも奉仕することのない批判は有害無益である」とし、職務と関係のない身体障害の事実を摘示することは、刑法230条の2第3項制定の精神を逸脱するものであり、たとえ真実であるとしても許されない、と判示している。本件について、村上孝止「マス・メディアとプライバシー」ジュリ増刊『情報公開・プライバシー』204頁（1981）では、刑法230条の2第3項の下でも、「公務員にも立ち入ることを許されない領域のあることが明らかにされた」と指摘している。

対し,「絶対的公人」は,「公的関心事」すなわち報道内容が職務関連事項である場合,現実的悪意の法理が該当し,「公的関心事」と言えない私的事実については従来の相当性理論の枠組で処理される。「絶対的公人」のうち特に政治家については,公的事実・私的事実を問わず「公的関心事」と言いうるから,現実的悪意の法理が該当する。「絶対的公人」に関する事実のうち,この法理が該当するものについては,公益性の要件に代えて被告の現実的悪意の有無が判断される。その立証責任は,原告の公人側にある。公人が現実的悪意を立証できた場合,被告に虚偽性の認識及び虚偽の公表についての「故意又は重過失」があることになるため,真実性の判断はなされず,原告が勝訴する。もっとも,この場合も,原告の公人が現実的悪意を立証できないときには,前述の理由により真実性の審理はなされず,被告が勝訴する。

とは言え,アメリカの判例で示されている通り,マス・メディアの現実的悪意を証明することは相当困難であるから,原告勝訴の事例は余りないと思われる。このように,民事上の名誉毀損訴訟に現実的悪意の法理を組み入れると,公人に対する批判的報道が格段に活性化することが期待されるのである。

第2款 裁判例による検証

以下では,私見によって公的事項に関する表現の自由が強く保護されることを実際の裁判例で検証してみる。

例えば,森喜朗元首相対雑誌『噂の真相』事件[41]では,問題となった事実のうち,学生時代に売春防止法違反容疑で検挙された前歴があるという事実については,警視庁への調査嘱託に原告側が強く反対し,本人の陳述書を含め証拠を一切提出しなかったことから,裁判所は「真実性に関する立証責任は被告らにあるというべきものの,

---

41 東京地判平成13年4月24日判時1767号32頁。松井茂記「内閣総理大臣の犯歴報道と名誉毀損──『噂の真相』訴訟」法時74巻4号101頁 (2002)。

原告の本件前歴の有無については原告自身が最も詳細に事実を語り得る立場にあ」り，真実性を立証できなかった不利益を被告に課すのは「訴訟上の信義則に照らして相当でない」とし，また，独占禁止法違反の業者から献金を受領していた事実については真実であるとして，原告の請求は「理由がない」と判示した。しかし，女性関係の醜聞や飲食店での行状など，他の事実については真実性・相当性とも否定し，名誉毀損が成立すると判断した。

原告は「公職者」である。前歴については公的事実であり，判決でも「内閣総理大臣の地位に鑑みれば……その地位の適性を判断するのに無関係な事項とは言えず，国民の正当な関心の対象となりうる事柄というべき」と述べているように，明らかに「公的関心事」と言える。独禁法違反業者の献金も政治家のカネに関する公的事実であり，「公的関心事」と言える。これに対し，女性関係の醜聞や飲食店での行状は，一般市民ならば私的事実に該当しそうであるが，政治家の場合，たとえ私的事実でも，「公的関心事」となりうる。結局，全事実が「公的関心事」に該当するから，原告は雑誌側の現実的悪意を立証する必要がある。本件訴訟では，大半の事実について名誉毀損が認定されたが，元首相の行為は公私にわたって「公的関心事」と言えるから，私見によれば，元首相が雑誌側の現実的悪意を立証できない限り原告が敗訴することになる。元首相側は，調査嘱託を回避しようとする姿勢を見せるなどしており，現実的悪意の立証もできなかった可能性が大きいから，原告敗訴の結果になったと考えられる。

次に，中村正三郎元法相対共同通信社事件[42]では，現職の法務大臣が自己の利害が絡む特定の刑事事件について，積極的な捜査・処分を法務省刑事局に指示したなどとする記事を配信した通信社に対して損害賠償を求めた訴訟で，裁判所は法廷提出分だけで85頁に及

---

42 東京地判平成15年8月18日。本判決でも，現実的悪意の法理の主張は斥けている。

ぶ詳細な取材メモの信用性などを基に被告の相当性を認め、原告の請求を棄却した。結果的に通信社が勝訴したが、相当性が認められるかどうかは判決まで予測できず、公人をめぐる同種の問題を報道する際に萎縮効果をもたらすことは否定できない。

これに対し私見によれば、この記事の内容は、明らかに「公職者」に関する「公的関心事」と言えるから、原告は通信社に現実的悪意があったことを立証しなければならないが、本件の取材過程を見る限り、現実的悪意について原告が証明することは相当困難であると考えられる。このため、当該通信社は名誉毀損として提訴されたとしても原告敗訴となることについて報道前に予測が付いたと思われる。

最後に、安部英・元帝京大学副学長対櫻井よしこ事件[43]を検討する。安部元副学長は、薬害エイズ事件に関する雑誌記事と単行本で名誉を毀損されたとして損害賠償を求めて提訴した。第1審は被告の相当性を認め、元副学長の請求を棄却したが、控訴審は一転して相当性を否定し、400万円の賠償を命じた。ところが、最高裁判所は、被告が摘示した事実を「真実と信ずるについて相当の理由がある」として名誉毀損を認めず、被告の逆転勝訴が確定した。判決の基礎となる認定事実はほぼ同様であっても、事実の評価は裁判官によって全く異なりうるから、訴訟の最大の焦点である相当性の有無をめぐり審級によって二転三転する結果となった。

私見によれば、元副学長は血液学を専門とする医学者で、厚生省(当時)のエイズ対策を検討する研究班長であったことから、国家の政策決定過程に関与する「絶対的公人」と認定できる。元副学長が製剤メーカー各社から寄付を受けていたため加熱製剤の承認に取り残されるメーカーが出ないように治験を遅らせた、と被告が指摘した事実は明らかに「公的関心事」と言え、原告は雑誌側に現実的悪

---

43 最1小判平成17年6月16日判時1904号74頁。

意があったことを立証しなければならない。本件認定事実を見ると，現実的悪意について原告は証明できない可能性が大きく，私見によれば，被告が提訴される可能性は低かったのではないかと考えられる。

　以上のように，本書で提案した枠組を適用すれば，立証責任の転換をはじめ，訴訟の結論についての予測可能性，マス・メディアに対する萎縮効果の抑制などが図られ，公人報道がより活性化されよう。

第4節　小　　括

　本章では，名誉毀損的表現に対する制約は，できる限り明確化を図り，しかも表現対象を公人と私人に区別して類型化するべきであるという問題意識から，公人類型を再構成したうえで，その一部に，相当性理論以上に表現の自由に配慮した定義づけ衡量である現実的悪意の法理を適用すべきであるとの結論を導いた。公人がマス・メディアの現実的悪意を立証することができた場合にのみ勝訴するという枠組である。公人の人的範囲については，表現の自由が政治参加に不可欠な権利であることから，国家の政策決定過程に自ら関与する「絶対的公人」に限定するべきであると考えた。さらに，この法理の適用にあたっては，どういう性質の公人かという「報道対象」と，その公人についてどんなことを伝えるかという「報道内容」の相関関係で判断し，政治家については，純粋な私的事項を含め全て対象とする一方，それ以外の「絶対的公人」については，私的事項は原則として適用対象外にすべきであるとした。

　しかしながら，表現の自由に対する現在の裁判官の意識，それに基づく判例の動向からは，現実的悪意の法理の速やかな導入は現実的には困難であると思われる。かりに，この法理が判例によって採用された場合には，その立証責任の重さとバランスをとるために，

名誉毀損の被害を埋め合わせるに足りる程度の損害賠償額の高額化[44]が検討課題となってくるであろう。補論において詳しく検討するが，交通事故訴訟で被害を点数化しているように，公人・著名人ほど高額化したり，アメリカの懲罰的損害賠償[45]のような仕組までが認められるべきであるとは思われない。損害賠償のほかに，謝罪広告や反論権，差止め請求など，被害者をどのような方策で救済するかという課題も残っている。また，警察発表に依存した取材方法や耳目を集める事件・事故についての集中豪雨的な報道など，権利侵害の背景にある問題点[46]を，さらに深く分析することも必要であろう。

---

[44] 損害賠償の高額化については，本書補論第1節及び第2節で示した諸文献を参照。
[45] 懲罰的損害賠償については，藤倉皓一郎「アメリカにおける名誉毀損に対する懲罰的損害賠償の機能」田中英夫先生還暦記念『英米法論集』479頁（東京大学出版会，1987）参照。
[46] 山田健太『法とジャーナリズム』334－38頁（学陽書房，2004）。

補論　公人の名誉毀損と損害賠償高額化

第1節　問題の所在

　日本における名誉毀損訴訟の慰謝料額[1]は，概ね100万円が「相場」である，と言われてきた[2]。こうした「名誉毀損における100万円の賠償ルール[3]」に対しては，慰謝料額が低すぎる，という指摘があった[4]。ところが，近時，主として裁判官から名誉毀損訴訟における低額性を指摘し，高額化を指向する論文が法律雑誌に相次いで公表され，これとほぼ同時に慰謝料額を500万円以上とする判決例が地裁・高裁段階で多く見られるようになってきた[5]。その端緒となったのが2001年の大原麗子対『女性自身』事件の東京地裁判決[6]であ

1　低額な慰謝料の高額化について概説したものとして，五十嵐清『人格権法概説』252頁（有斐閣，2003）。
2　岡部純子「名誉毀損，信用毀損による損害賠償額の算定基準」升田純編『名誉毀損・信用毀損の法律相談』82頁（青林書院，2004）。井上繁規「名誉毀損による慰謝料算定の定型化及び定額化の試論」判タ1070号14頁（2001）は，平成12年（2000年）5月から平成13年（2001年）2月までの間に東京，大阪，名古屋地裁において終了した名誉毀損による慰謝料等請求訴訟事件の統計によれば，平均認容額は原告1人当たり約137万円という状況にあった，としている。
3　升田純「名誉と信用の値段に関する一考察──名誉・信用毀損肯定判例の概観（1）」NBL627号42頁（1997）。
4　斉藤博「名誉・プライバシーとその民事上の保護」ジュリ959号34頁（1990），山口純夫「損害賠償と回復処分」竹田稔ほか編『新・裁判実務体系9　名誉・プライバシー保護関係訴訟法』237頁（青林書院，2001）参照。
5　渡邊眞次・眞田範行「名誉毀損訴訟における慰謝料額の高額化の提案について──弁護士の立場からの考察」法時74巻12号64頁（2002）。
6　東京地判平成13年2月26日判タ1055号24頁。本件では，週刊誌の記事が名誉を毀損したなどとして原告の女優が5,000万円の慰謝料を求めたのに対し，裁判所はこ

る[7]。

このような動向については、表現の自由の観点から危険なものである、とする否定的な見解と、被害者保護の観点から妥当なものである、とする肯定的な見解に評価が分かれている。前者の見解として例えば、従来の損害賠償額が余りにも低く、受けた損害に見合っていなかったことからは、損害賠償額の引き上げは当然と言えるとしながらも、現在のようにマス・メディアに厳しい姿勢をとりつつ、損害賠償額の高額化を図るのは表現の自由の観点から極めて問題である、と批判する論者がいる[8]。後者の見解としては、「名誉毀損における100万円の賠償ルール」についての反省から、名誉権・人格権への評価が高まってきたとし、被害者救済及び一般予防を重視して慰謝料の高額化を評価する論者がいる[9]。

この点、本書では、かりに損害賠償額を高額化する方向に向かうとしても、表現の自由との調整を図るため、免責法理の見直しが必要であり、その1つの可能性として現実的悪意の法理を導入すべきではないか、という視座から検討を進めたい。アメリカ連邦最高裁判所の判例法理では、公人に関する表現の自由を手厚く保障するため現実的悪意の法理が確立しているが、こうした保障がないままに高額化を図ると、公人に批判的な表現活動を萎縮させる恐れがある。損害賠償額の高額化によって個人の名誉権を保護することと、公的事項についての表現の自由を活性化させることとのバランスをとる観点から、損害賠償額を高額化するうえで、アメリカの判例法理を

の主張を認め、500万円の支払いを命じた。本件控訴審判決は、被控訴人の精神的苦痛等を償うに足りる慰謝料額は1000万円を下回るものではない、と述べたが、被控訴人から附帯控訴がなかったとして控訴を棄却し、原審の認定額が維持された（東京高判平成13年7月5日判時1760号93頁）。

[7] 右崎正博「名誉毀損訴訟における損害賠償高額化と表現の自由」法時74巻9号107頁（2002）、田島泰彦「芸能人の私生活を暴露する週刊誌記事と高額な損害賠償——大原麗子事件」メディア判例百選138頁（2005）。

[8] 松井茂記『マス・メディアの表現の自由』108頁（日本評論社、2005）。

[9] 渡邊・真田・前掲注（5）64頁。

参考に,現実的悪意の法理を採用することを求められないか検討したいのである。

以下では,第2節において,損害賠償額の高額化傾向について判例の流れ及び諸研究の成果を概観し,私人と比べ,公人・著名人ほど高額化の傾向を示すことを指摘する。第3節では,損害賠償額の高額化を図るには,その前提として表現の自由との調整が求められるべきであることを考察する。

第2節　高額化の動向とその背景

第1款　判例の流れ

名誉毀損に対する救済方法としての損害賠償は,他の不法行為と同様,財産的損害に対する損害賠償と,精神的損害に対する損害賠償(慰謝料)に区別されるが,前者については,これまでの裁判例において,弁護士費用を除いて認容された例は少ない[10]。後者について,判例では,その算定の根拠を示す必要はなく,その額は裁判官が各場合における諸般の事情を斟酌し,自由心証をもって量定すべきものとして裁量に委ねられている[11]。精神的損害の算定に当たっては,被害の程度・態様・期間,被害者の社会的地位・身分,他の請求権の有無・認容額,侵害行為の態様,侵害行為後の加害者の態度が重要な要素となる,と解されている[12]。

こうした実務の解釈を受け,戦後の名誉毀損訴訟における実際の慰謝料額が,どのように変遷してきたかを概観することにする。

まず,1950年から1966年までの下級審判例42件を分析した研究に

10　小池一利「損害賠償と回復処分」竹田稔ほか編『新・裁判実務体系9　名誉・プライバシー保護関係訴訟法』100頁(2001)。
11　大判明治43年4月5日民録16輯273頁。
12　田中康久「慰謝料額の算定」坂井芳雄編『現代損害賠償法講座7　損害賠償の範囲と額』279頁(日本評論社,1974)。

第2節　高額化の動向とその背景

よると，名誉毀損訴訟の慰謝料は「大部分が10万円以下」であった[13]。1960年代までの名誉毀損に対する慰謝料額について，日本新聞協会の新聞編集関係法制研究会は，裁判官が表現対象となった「裁判長，取調官と取引き」事件判決の70万円[14]を除いて，10万円未満ないしは高くても30万円どまりだった，と分析している[15]。同法制研究会は，この判決前後の裁判例において，名誉毀損の慰謝料額は一般私人に対して20万円[16]，大学教授に対して30万円[17]だった，と説明している。

1960年代末から1970年にかけての裁判例では，市議[18]や元警察官[19]に関する報道で100万円を認容する判決が相次ぎ，注目された。この第1次高額化とも言うべき傾向の背景には，アメリカ連邦最高裁判所の New York Times Co. v. Sullivan[20]判決がある，という見解[21]がある。すなわち，この判決は，すでに見たように公職者の職務行為に関する報道について，被告に現実的悪意がないかぎり憲法修正第1条の保護を受け名誉毀損責任を問われない，という画期的なものだが，アラバマ州における第1審，第2審で新聞社に50万ドル（当時のレートで1億8,000万円）もの損害賠償が命じられたことに力点を置き，日本との差が余りにも大きいことを示す好例として盛んに活用され，この事件の直後から請求額が著しく高額化し，それにつれ

13　五十嵐清・田宮裕『名誉とプライバシー』61―67頁（有斐閣，1968）。

14　千葉地判昭和36年5月17日下民集12巻5号1156頁判タ120号95頁。浦田賢治「裁判長取調官と取引き」マスコミ判例百選〔第2版〕72頁（1985）。

15　日本新聞協会新聞編集関係法制研究会編『法と新聞』235頁（日本新聞協会，1972）。

16　東京地判昭和31年11月5日下民集7巻11号3108頁判時95号3頁。

17　大阪高判昭和37年10月31日下民集13巻10号2194頁。宮沢浩一「取材表現上の過失」マスコミ判例百選〔第2版〕62頁（1985）。

18　札幌地判昭和45年3月16日判時592号37頁。堀部政男「詐欺容疑を詐欺と断定的に報道」マスコミ判例百選〔第2版〕67頁（1985）。

19　東京地判昭和43年4月8日下民集19巻3・4号175頁判タ224号229頁。堀部政男「捜査当局の発表にもとづくような表現形式による報道」マスコミ判例百選80頁（1971）。

20　376 U.S. 254 (1964)〔以下，Times 判決と表記する〕。本書第2章第2節参照。

て認容額も100万円の大台に乗る例が現れるようになった,というのである。また,この見解は,交通死亡事故の慰謝料という「生命の価値」を「名誉の価値」が上回ることは現状では到底考えられない,という見方[22]を前提として,東京地方裁判所の基準による一家の支柱を失った場合の慰謝料が1973年まで400万円だったことから見ると,こうした100万円の慰謝料は交通死亡事故における最高額の25%程度であった,と分析している。

判例においては,例えば,『北方ジャーナル』事件の最高裁判決における大橋進裁判官の補足意見[23]が,生命,身体とともに極めて重要な保護法益である名誉を侵害された者に対する救済が,事後的な形によるものであるにせよ十分なものでなければ,権衡を失することになる,と指摘したあと,「わが国において名誉毀損に対する損害賠償は,それが認容される場合においても,しばしば名目的な低額に失するとの非難を受けている」とし,「これが本来表現の自由の保障の範囲外ともいうべき言論の横行を許す結果となつている」と論じているのが注目される。

こうした高額化に肯定的な裁判官の意見もあって,1985年ころには200万円の慰謝料を命じる判決[24]が散見されるようになり,1990年代には100万円をすぐ超えて200万円,300万円,500万円[25]というケースも出るようになった[26]ものの,前述のように,慰謝料額は100万円が「相場」である,と長く言われてきた[27]。

---

21 村上孝止「新聞による名誉棄損事件の慰謝料を分析する」新研331号86頁 (1979)。
22 日本新聞協会新聞編集関係法制研究会編・前掲注 (15) 238頁。
23 最大判昭和61年6月11日民集40巻4号872頁。牧圭次裁判官及び伊藤正己裁判官も同調。
24 京都地判昭和60年10月25日判時1184号89頁,東京地判昭和61年3月31日判時1189号19頁。
25 東京地判平成7年3月14日判タ872号298頁。
26 浜田純一・田島泰彦「この10年のマスコミ判例を振り返って」新研576号61頁〔浜田発言,田島発言〕(1999)。
27 名誉毀損の慰謝料額が一定程度にとどまった背景について,東京地方裁判所損害

しかし，2001年以降，「400－500万円の賠償ルール」に移行したと言われ，中には1,000万円の損害賠償額を認める裁判例も現れ，雑誌などの「商業目的」による名誉毀損については，実態に即した損害賠償額を認める裁判例が登場した，とする見方がある[28]。また，2001年2月ころ以降，専ら週刊誌による名誉毀損を理由とする慰謝料請求訴訟において，300万円から1,000万円の慰謝料を認容する判決が相次いで言い渡されている，という指摘もある[29]。このような傾向は，当事者及び裁判所が低額の慰謝料認容判決によっては被害者の救済が十分ではないとの反省に基づいて，慰謝料の算定要素と算定基準を基本的に見直す必要があることを痛感した結果であろう，という推察がある[30]。他方，高額化の背景には，一部政治的とも思える立法府内の動きと，それに積極的に呼応しようとする司法部の姿が見え隠れする，という指摘がある[31]。高額判決の続出は，個々の裁判官の判断の偶然的な結果というよりも，司法総体としての有

　　賠償訴訟研究会「マスメディアによる名誉毀損訴訟の研究と提言」ジュリ1209号74－75頁（2001）は，社会的地位が高い原告の中には，社会的評価の低下を招く報道がされた場合，「ともかく訴訟を提起して社会的に報道に抗争する姿勢を示すこと自体により名誉の維持を図ろうとする例も見受けられる。……これらの原告にあっては，請求金額もそれほど多くはないし，和解など被告との紛争解決の話合いの場面において，さほど高い金銭賠償を要求しないため，和解の俎上にのぼる和解金はいきおい少額にとどまる傾向を示す。これらの事件では，判決において認容される額も少額の傾向を示すのは，ことの成り行きから自然であろう。そのことが，名誉毀損訴訟全般において認容される金額の水準全体を引き下げる効果をもたらした可能性は否めない」と分析する。
28　升田純「名誉毀損・信用毀損の実務の変貌（3・完）」ＮＢＬ787号47頁（2004）。
29　井上・前掲注（2）14―15頁。
30　井上・前掲注（2）15頁。
31　松井修視「名誉毀損訴訟と損害賠償の高額化問題」法時74巻12号67頁（2002）。松井・同号69頁では，「この一年間〔2001年9月―2002年8月〕の高額賠償判決の増加は，国会常任委員会等における質疑→最高裁上層部答弁→司法研修所・東京地裁→下級裁という情報の流れの中で，ごく短期間に裁判の動向が変わってしまうという，現代司法の危うい構造を感じさせるものである」と分析している。飯室勝彦「最高裁が誘導した慰謝料の高騰」『包囲されたメディア――表現・報道の自由と規制三法』40頁（現代書館，2002）参照。

力な意志の表れと捉えるべきだろう，という見方もある[32]。

第2款　諸研究の概観

(1) 慰謝料額高額化の賛否

a）新聞界

日本新聞協会研究所の村上孝止研究員は，1950年から1978年までの新聞の名誉毀損に関する裁判例を参照したうえで，「裁判所から支払いを命じられる慰謝料の額が，このところ，急激な上昇を示している」と，高額化の傾向にあることを指摘する。そして，村上研究員は，「現在出されている程度の慰謝料が，新聞社の存立を左右するほどのものでないことはもちろんだが，記者を威圧し，筆を萎縮させるには十分すぎるほどの額であることもまた，異論のないところであろう」と，表現の自由の観点から高額化に対する警戒感を示唆する[33]。

b）学説

学説では，五十嵐清教授らは，早くも1968年の著作において，名誉毀損訴訟の慰謝料額が「きわめて僅少」であることを指摘し，「慰謝料額の少ないことが，今日，マスコミによる名誉やプライバシーの侵害を助長させている一因であるので，今後，飛躍的な増額が期待されなければならない」と主張している[34]。五十嵐教授は，最近の著作において，「近時の人格権侵害に対する慰謝料額の高額化は，私どもの長年の主張がようやく実を結んだものである」と評価し，その背景として，マス・メディアの発達によって人格権侵害による被害者の損害がますます増大したこと，人格価値に対する国民の評価

---

32 田島・前掲注（7）139頁。ここでも，近年の高額化の背景に，表現・メディア規制という政治的ファクターが窺える，と指摘している。五十嵐・前掲注（1）255頁では，近時，第一線の裁判官らによって発表されている一連の諸研究が「慰謝料高額化に直接影響を与えた」と指摘している。

33 村上・前掲注（21）81, 87頁。

34 五十嵐・田宮・前掲注（13）61, 67頁。

が高まってきたことなどを挙げている[35]。

また，元東京高裁判事の升田純教授は，名誉・信用毀損は故意による加害行為であることが多いにもかかわらず，このような事情を反映させて損害賠償額が算定されていないため，実務では「名誉毀損における100万円の賠償ルール」にとらわれ，100万円前後の損害賠償が認められる事例が多いが，「社会通念上低額にすぎ，名誉毀損の被害者の実際の被害の塡補になっていない」と批判する。そして，升田教授は，名誉毀損行為に対する損害賠償額が低額に過ぎると，特に「営利活動」として行われる名誉毀損行為については，加害者に不当な利益を得させ，名誉毀損行為を促進することになり，社会的にも不当・違法な結果を誘発していることから，「100万円の賠償ルールを放棄し，社会通念に照らして損害賠償額を再検討する必要があろう」と主張している[36]。

同じく元東京高裁判事の塩崎勤教授は，まず，「100万円の賠償ルール」について，近時の人格の価値に対する高まりに照らし，「今や著しく低額というほかなく，基準として採用の限りではない」とし，1992年から1999年の名誉毀損裁判例15件の1人ないし1社当たり平均慰謝料343万円は，今後の平均慰謝料額とするには「やや低額」で，むしろ最低限度額程度とみるのが相当ではないか，と主張する[37]。そして，塩崎教授は，新聞による名誉毀損で1970年に出された100万円の慰謝料額が交通死亡事故の最高慰謝料額の25％程度という研究[38]を基に，交通死亡事故の慰謝料額と比較対照すると，現在の死亡慰謝料額2,600万円の25％相当額は650万円ということになるが，「やや高額」に過ぎる感じがしないでもなく，産業計全労働者の平均年収額約496万円にほぼ相当する「500万円程度をもって一

---

35 五十嵐・前掲注(1) 254―55頁。
36 升田純「名誉と信用の値段に関する一考察――名誉・信用毀損肯定判例の概観(3・完)」NBL634号55頁(1998)。
37 塩崎勤「名誉毀損による損害額の算定について」判タ1055号13頁(2001)。
38 ここでは，村上・前掲注(21) 86頁を引用している。

般的な平均基準額とするのが相当ではないか」として慰謝料の具体的な基準額を提案する。

さらに,浜田純一教授は,慰謝料の高額化に肯定的な見解を示す。すなわち,権利侵害に対する償いは金銭で行うのが近代法の基本原則であり,名誉毀損の場合も同様であるのに,賠償額が通常は100万円以下という低額なことが問題である,と主張する[39]。そして,浜田教授は,陪審制の影響もあって,第1審段階では数百万ドルという賠償もしばしば認められるアメリカとは,この点で大きく異なる,と指摘している。

c) 実務

山川洋一郎弁護士は,1979年の論稿において,名誉毀損に対する損害賠償額の高額化の主張を展開している。それによれば,裁判例を分析した結果として,「名誉毀損訴訟における認容賠償額は一般的にいってかなり低額である」とし,「認容額は名誉毀損の態様,中味,過失の程度,加害者及び被害者の地位,被害者側の落度の存否等を勘案して決せられるのであろうが,現在の裁判所の数十万円というような認容額は余りに低いというべきであろう」と批判する。そして,山川弁護士は,「このような裁判所の態度は名誉毀損訴訟の提起を難しくすると共に,加害者側の出版にあたっての事前の注意,事後の対応を甘くする一因とも言えよう。きわもの的報道で利益を得ている側が敗訴しても低額の賠償ですむとなれば制裁的効果も大きくはないであろう。認容額の高額化は徐々に進んでいるとは思われるが,裁判所側にも十分の考慮が求められるところである」と指摘している[40]。

竹田稔裁判官も1982年の著作において,名誉毀損・プライバシーの権利侵害による被害回復には慰謝料が最も実効的であり,高額の慰謝料の認定こそ〔最〕も有効な予防手段であると言えるにもかか

---

39 浜田純一『情報法』84頁(有斐閣,1993)。
40 山川洋一郎「名誉の侵害と民事救済」自正1979年2月号43—44頁。

わらず,判例を検討すると,わが国における名誉・プライバシー侵害に対する慰謝料額は著しく低額であることが明ら〔か〕であり,「人格権尊重のために,まず金銭賠償増大の必要性を痛感する」と述べている[41]。竹田裁判官は,1990年代に入ったあとも同様に,「わが国において名誉・プライバシー侵害に対する慰謝料額は著しく低額であること,不法行為における精神的損害賠償としての慰謝料は全般に低額傾向にあったが,交通事故の増大とともに定額賠償的な考え方が有力となり,高額化の傾向を示しているにかかわらず,人格権侵害に対する裁判所の評価は立ち遅れていることは,再三指摘してきた」とし,「人格権をめぐる表現行為の状況は多分に社会的風潮の反映であって,損害賠償の低額傾向に主要因があるとは思えないが,これが一部のマスコミにおいて,安易に行き過ぎたプライバシー記事や報道に走る一因をなしていることを否定できない」と主張している[42]。

また,平山信一弁護士は,慰謝料の算定は裁判所が公平の観念から自由裁量によって行うが,日本では不法行為全般について慰謝料が低額傾向にあり,名誉毀損についても「しばしば名目的な低額に失するとの非難がある」としたうえで,慰謝料の高額化は報道の自由を萎縮させるという見方もあるが,マス・メディアの発達した現代では,名誉毀損行為は時に被害者を社会から抹殺・追放しかねないことから,名誉毀損責任があると判断された以上は「被害者救済の実効をもたらすような慰謝料」が望まれる,としている[43]。

アメリカにおけるマス・メディアによる名誉毀損について,在外研究員として調査した山地修裁判官は,懲罰的損害賠償額を除いた填補損害賠償額の平均値は,1997年で38万8075ドル(約4,657万円),

---

41 竹田稔『名誉・プライバシー侵害に関する民事責任の研究』171—72頁(酒井書店,1982)。
42 竹田稔『プライバシー侵害と民事責任』143頁(判例時報社,1991)。
43 平山信一『名誉毀損』32頁(自由国民社,1995)。

1998年では84万5,562ドル(約1億147万円)に上る、と報告している[44]。このように填補損害賠償の部分だけでも相当に高額な賠償額が認められている原因について、山地裁判官は、①連邦最高裁判所がTimes判決[45]で導入した現実的悪意の法理によって、名誉毀損訴訟は責任論における原告の立証が困難な訴訟類型となり、認容される事例が「それなりに悪質なものが多い」こと、②アメリカの一般市民は、興味本位的な記事によって売り上げを伸ばしている一部メディアの姿勢に対して強い嫌悪感を抱いていることから、「陪審員はマスメディアに対して厳しい見方をする傾向がある」こと、などの事情が考えられる、と分析する。そして、山地裁判官は、日本でもマス・メディアによる名誉毀損に対する損害賠償請求訴訟の提起が相次ぎ、各裁判例を見ても悪質な事例が多いように感じられるとし、実際にも、売り上げを伸ばす目的を含む興味本位の報道が氾濫しており、そのようなマス・メディアの姿勢には一般国民も厳しい見方をしていると考えられるから、日本のマス・メディアによる名誉毀損の実情は、アメリカと類似している点が多く、アメリカにおける名誉毀損の損害額の算定状況は、日本の名誉毀損による損害賠償額の算定の実務にも大いに示唆を与えるものである、と結論づけている。

(2) 司法内部の研究会の提言

こうした名誉毀損の損害賠償額に関する裁判官や弁護士主導の論稿が次々と発表される中、地方裁判所や司法研修所の研究会が相次いで研究成果を公表した。

まず、2001年5月に開催された司法研修所の損害賠償実務研究会は、その研究結果要旨[46]において、名誉毀損による損害賠償の慰謝

---

44 山地修「名誉毀損の損害額の算定について——諸外国の状況の実証的分析」判タ1055号19—22頁 (2001)。

45 New York Times Co. v. Sullivan, 376 U.S. 254 (1964).

料額については、法律雑誌の論説において取り上げられるなど、一般人の感覚に照らして低すぎるとの意見が強く、『北方ジャーナル』事件最高裁判決の大橋裁判官の補足意見においても指摘されるなど、「認容額が低いというのが社会一般の一致した意見となっているといわざるを得ない」という認識を示すとともに、近時、マス・メディアの影響力は非常に大きくなり、人格的な価値に対する社会一般の評価も高まっているという事情に照らすと、「100万円程度の損害額では低すぎるといい得る場合が少なくなく、不法行為に基づく損害賠償制度の目的である損害の塡補としても十分ではない」と批判する。そして、この実務研究会は、認容額が低いことが一部マス・メディアにおいて、商業的利益のため名誉毀損を繰り返す一因になっている、と分析したうえで、交通事故による死亡慰謝料については、広く認知された基準が確立し、随時社会情勢などの変遷に応じて見直され、実際の認定でも増額が図られてきたことから、名誉毀損による慰謝料についても、同様にすることが有益であると思われ、考慮要素をできる限り明確にして「考慮要素ごとに点数化していく」ことを提案する。さらに、実務研究会は、前述した塩崎教授の「500万円程度を平均基準額とする」という提案を「一つの考え方であり、実務的にも参考になる」と評価している。

続いて同じく2001年の9月、東京地方裁判所の損害賠償訴訟研究会は、「マスメディアによる名誉毀損訴訟の研究と提言」を公表した[47]。ここでは、最近の裁判例における名誉毀損による損害額について分析し、名誉毀損行為の伝播性が全国的であり、名誉を毀損された者が社会的信用を有するなど著名性のある者で、減額要素のない7例において認容された損害額の平均は、414万円ないし485万円であったとして、「著名人に対する全国的な伝播性のある名誉毀損

---

46 司法研修所損害賠償実務研究会「損害賠償請求訴訟における損害額の算定」判タ1070号4頁（2001）。
47 東京地方裁判所損害賠償訴訟研究会・前掲注（27）63頁。

行為に基づく損害賠償の額としては、とりあえずの基本額として400万円から500万円程度を一つの目安とすることができるのではなかろうか」と提唱する[48]。そして、この訴訟研究会は、「これを一応の目安とした上で、名誉毀損行為の伝播性の大小、被害者の社会的信用・著名性の大小、報道態様の悪質性の有無、報道目的の正当性等の減額要素など、諸般の事情を考慮して、事案に応じた、適正な損害額を算定していくことが相当であると思われる」として、損害賠償額を増減させる判断要素を示している。

さらに、2002年には、大阪地方裁判所の損害賠償実務研究会が名誉毀損の損害賠償額に関する論稿を発表した[49]。それによれば、精神的苦痛に対する慰謝料については、交通事故の慰謝料の目安が参考になり、名誉毀損事件の慰謝料が交通事故の死亡慰謝料額2,600万円ないし2,700万円を超えることは考えにくい、とする一方、交通事故で後遺障害慰謝料100万円は14級で労働能力5％喪失(局部に神経症状を残すもの)であることと対比すると、マス・メディアによって相当広範囲にわたって名誉毀損行為が行われた場合について、慰謝料100万円は現在では低額すぎ、500万円程度が1つの目安になると考えられる、とする。この実務研究会は、具体的事案において、被害者がいわば社会的存在を否定されたにも等しいような精神的苦痛を被ったような事情が認められる場合には、その慰謝料が1,000万円程度になることも当然考えられる、と主張している[50]。

---

48 東京地方裁判所損害賠償訴訟研究会・前掲注(27)79頁。
49 大阪地方裁判所損害賠償実務研究会「名誉毀損による損害賠償額の算定」NBL731号6頁(2002)。
50 大阪地方裁判所損害賠償実務研究会・前掲注(49)9-10頁。なお、非マス・メディア型事件の名誉毀損訴訟における慰謝料の算定については、大阪地方裁判所判事補・57期・民事部「名誉毀損関係訴訟について――非マスメディア型事件を中心として」判タ1223号66頁(2007)参照。

(3) 提言に対する反応

こうした裁判官による研究会の提言に対し，肯定的な見解は少なくない。

渡邊眞次・眞田範行両弁護士は，被害者を救済しようとする弁護士の立場からすると，損害賠償額の高額化を評価する見解に「親近感を覚える」とし，特に法律実務家が重要視すべき点は，裁判官の裁量に全面的に委ねる方向と結びつきやすかった慰謝料額の算定について，裁判官の提案において算定表が示されたことである，と指摘する[51]。渡邊・眞田両弁護士は，この算定表は，いわゆる賠償説（塡補説）を前提に，被害者の精神的苦痛をはかる具体的要素を抽出し，それらの判断要素それぞれについて，金銭的な評価額を目安として明示したものであり，これによって名誉毀損訴訟における慰謝料額の客観化が図られ，その高額化が図られるであろうことは一定の評価に値しよう，と積極的に捉える。

前述した司法研修所の損害賠償実務研究会において，唯一の高等裁判所判事として，参加者の筆頭に挙げられている井上繁規裁判官は，諸研究会の提言をいわば補強する論稿を発表した[52]。論稿では，まず，マス・メディアによる名誉毀損に基づく損害賠償請求訴訟についてのアメリカにおける裁判例の統計を報告した，先の山地論文を引用して，「極めて高額の損害賠償が認容されている状況にある」と述べたあと，アメリカと日本では，裁判制度や名誉権の価値に対する意識の相違があるため，一概に同一基準で慰謝料の多寡を比較することは適切ではないが，日本の従来の「いわゆる100万円判決とはかなり異なる状況にあることは間違いない」と指摘する。そして，井上裁判官は，日本における従来の名誉毀損による慰謝料請求訴訟においては，「裁判例を通じて慰謝料の算定要素と算定基準とが必ずしも明確にされることがなく，認容額は一般に低額な傾向にあっ

---

51 渡邊・眞田・前掲注 (5) 64-65頁。
52 井上・前掲注 (2) 21頁。

た」とし，認容額の予測可能性，被害者間の公平の確保などの要請に応えるために，何らかの慰謝料の算定基準を策定することが要求されているというべきであり，慰謝料の認容額についても，名誉権を十分に保護するという観点から，「名誉毀損行為によって被った精神的苦痛を慰謝するに足りる額の賠償を与える必要性があることを改めて反省する必要がある」と主張している。

岡部純子裁判官も，名誉や信用に対する意識が高まり，マス・メディアの発達に伴って，いったん名誉を毀損する情報が流されると，かつてとは比較にならないほど深刻な被害が生じる現代では，「賠償額が高くなる場合があることは当然と考えられる」と，裁判官による研究会提言に同調する見解を明らかにしている[53]。

他方，大峰義孝弁護士は，裁判官による研究会よりも，さらに積極的な損害賠償額の高額化を主張する。それによれば，名誉毀損裁判における損害額を点数評価方式による算定基準，いわゆる点数表にまとめた司法研修所損害賠償実務研究会の試論について，近時の実務ではこの点数表の算定要素を考慮して損害額の具体的認定がなされていると言え，「点数表は名誉毀損訴訟における類型化，高額化傾向に寄与しており，このこと自体は，評価に値する」としながらも，一部週刊誌が意図的な名誉毀損報道を続け，敗訴判決が重なっても改まらないという現状において，「点数表に基づく損害賠償額はまだまだ低額に過ぎる」と言わざるをえず，損害賠償額の上限が計算上1,010万円にとどまることも問題である，と指摘する。そして，大峰弁護士は，従来のように，社会的評価の低下のみを賠償額の算定において考慮するのではなく，人間の有する基本的かつ根源的な価値としての名誉という人格権を侵害するのが名誉毀損であると端的に捉えることで，賠償額高額化の１つの根拠とすることができるとしたうえで，人格権侵害の慰謝料として一律1,000万円を基

53　岡部・前掲注 (2) 83頁。

準に，侵害態様や情報伝播性，加害者側・被害者側の事情など種々の要素を加味し，事案に即した適正な賠償額を算定すべきであり，名誉権侵害の状況が極めて類似しているアメリカにおいて高額な填補賠償が認められていることから，日本でも1,000万円の基準にとどまらず，事案によっては「数千万円単位」の相当高額な賠償額を認めていくべきである，と提案している[54]。

これに対し，裁判官による研究会が提言する損害賠償額の高額化自体に真正面から批判的な見解は見当たらない[55]。そうした中で，せいぜい数十万円から100万円程度にとどまってきた名誉毀損に対する従来の損害賠償の「相場」が妥当かどうかについて検討の必要があるのは確かであるが，「近年の高額化の動きに対しては批判的な吟味が求められる」とする指摘が注目される[56]。この見解は，現在の免責法理をメディアに配慮しすぎたものであるという批判的認識が窺われる判決があることや，放送及び新聞界で整備が進みつつある自主的な制度を含めた救済システム全体の中で，賠償の役割や額の程度を位置づける視点が欠けていることなどを指摘し，高額化傾向は，表現の自由の観点からは「看過し難い状況にある」と警鐘を鳴らしている。

また，提言の問題点を指摘するものとしては，高額化の目安としての額について，司法研修所及び東京地方裁判所の両研究会の成果とも，損害賠償額の平均基準をおおよそ500万円程度としているが，その根拠は明らかではない，という論稿がある[57]。アメリカなどと

---

54 大峰義孝「不法行為に基づく損害賠償請求」松村光晃ほか編『名誉毀損・プライバシー　報道被害の救済——実務と提言』189-91頁（ぎょうせい，2006）。
55 ただし，京野哲也「私人の名誉は公人の名誉より軽いか（2）——名誉・プライバシー侵害訴訟再考の視点」判タ1251号73頁では，「無名私人」に着目し，「私人について高額化する契機はあまりないという側面があることも否定できないが，それでよいか問題である」と指摘している。
56 田島・前掲注（7）139頁。
57 松井・前掲注（31）69頁。

対比して高額化を主張している裁判官らの提案においては，アメリカ並みに免責法理を広げる議論が前提とされるべきであるにもかかわらず，それが一切なされていない，という問題点を指摘するものもある[58]（この点については，第3節第2款において詳述する）。

(4) 懲罰的損害賠償

なお，いわゆる「懲罰的損害賠償」については，一部学説[59]に導入を検討するものがあるとは言え，最高裁判所は明確に否定している[60]。すなわち，最高裁判所は，懲罰的損害賠償について「悪性の強い行為をした加害者に対し，実際に生じた損害の賠償に加えて，さらに賠償金の支払を命ずることにより，加害者に制裁を加え，かつ，将来における同様の行為を抑止しようとするものであることが明らかであって，その目的からすると，むしろ我が国における罰金等の刑罰とほぼ同様の意義を有するものということができる。これに対し，我が国の不法行為に基づく損害賠償制度は，被害者に生じた現実の損害を金銭的に評価し，加害者にこれを賠償させることにより，被害者が被った不利益を補てんして，不法行為がなかったときの状態に回復させることを目的とするものであり……，加害者に対する制裁や，将来における同様の行為の抑止，すなわち一般予防を目的とするものではない」と述べる。そして，この判決は，「加害者に対して損害賠償義務を課することによって，結果的に加害者に対する制裁ないし一般予防の効果を生ずることがあるとしても，それは被害者が被った不利益を回復するために加害者に対し損害賠償義務を負わせたことの反射的，副次的な効果にすぎず，加害者に対する制裁及び一般予防を本来的な目的とする懲罰的損害賠償の制度とは本質的に異なるというべきである。我が国においては，加害者

---

58 渡邊・真田・前掲注 (5) 64頁。田島・前掲注 (7) 139頁も同旨。
59 例えば，藤倉皓一郎「アメリカにおける名誉毀損に対する懲罰的損害賠償の機能」田中英夫先生還暦記念『英米法論集』509頁（東大出版会，1987）。

に対して制裁を科し，将来の同様の行為を抑止することは，刑事上又は行政上の制裁にゆだねられている」とし，懲罰的損害賠償は「我が国における不法行為に基づく損害賠償制度の基本原則ないし基本理念と相いれないものである」と説示している。

第3款　公人を高額化する理由

　これまで高額の損害賠償を命じた判決の大半が政治家，プロ野球選手，女優，その他社会的に相当な地位にある，いわゆる「著名人」のケースである，という指摘がある[61]。被害者側の事情のうち，「社会的地位」に関する部分のウエイトづけについて，司法内部の研究会による提言は，まさにタレントや政治家など著名人の名誉保護に傾いている，という指摘もある[62]。最近の裁判例の分析でも，全体的な傾向としては，300万円を超える高額賠償が認められた例は，「名誉を毀損された者が何らかの形で社会的に著名である場合に限定されている実情にある」と説明されている[63]。

　こうした著名人ほど損害賠償を高額化する理由として，塩崎教授は，名誉とは人がその人格的価値について社会から受ける客観的評価と解されているため，名誉を毀損された者の「職業・経歴・社会的評価は最も重要な要素」であり，重要な公職にある政治家などについては実務上も概して高額な慰謝料が認められている，と指摘する。そして，塩崎教授は，「政治家，高級官僚，会社役員，弁護士，医師，学者，芸能人などの著名人などについては原則として慰謝料額を増額して然るべきである」と主張している[64]。

60　最2小判平成9年7月11日民集51巻6号2573頁。
61　右崎・前掲注（7）108頁。
62　松井・前掲注（31）69頁。松井・同号70頁では「一般個人の『名誉の額』は，上記司法研修所等の算定基準では，いかほどのものになるのか興味深い」と付言している。
63　東京地方裁判所損害賠償訴訟研究会・前掲注（27）65頁。
64　塩崎・前掲注（37）12－13頁。

また，升田教授は，政治家に対する名誉毀損について，政治家は国民や地域住民の意思を決定する権限を持つ重要な公職であるから，日常の言動，資産状況，交友関係などの私的な事柄についても批判の対象とする必要がある反面，根拠なく真実に反する事実を摘示して批判されることを甘受する必要はないし，根拠の乏しい批判によって政治的な競争において容易に不利益を受けるという脆弱な面もあるため，「名誉毀損から保護すべき要請が高いこともある」と指摘する[65]。これに対し，政治家以外の公務員について，升田教授は，公務に従事する者であり，その行為が公共の利害に関する事実として社会的な批判の対象になることは当然であるが，政治家の場合と異なり，原則として私的な事柄についてまで批判の対象にならないし（もっとも，公務員の地位が高まり，権限が強くなればなるほど，批判の対象が広がると考えられる，と付け加えている），名誉毀損のような悪質な批判が許されるものでないことは言うまでもない，と述べている。

　実務において，著名人・公人ほど損害賠償の高額化傾向があることについて，井上裁判官は，「名誉毀損行為により被害者が被る精神的苦痛の程度は，被害者の社会的地位（職業・経歴）によって異なり，被害者の職業が，芸能人や社会的地位が高い人物である場合には，名誉毀損行為によって被る精神的苦痛が，量的な面及び質的な面において類型的に大きいものと考えられる」と述べ，著名なタレント，国会議員，弁護士，医師らについては，「一般人」より高額の慰謝料を認容することが許されよう，という見解を示している[66]。

　鬼頭季郎・元裁判官も，2001年の東京高裁判決[67]では，被害者が著名人の場合に慰謝料が高額となり，一般人の場合と差異を設けることに疑問を呈していることについて，「著名人の場合，その肖像，

65　升田・前掲注（3）43, 46頁。
66　井上・前掲注（2）20頁。
67　東京高判平成13年12月26日判時1778号73頁。

氏名，芸名及び人格的イメージの商業的利用価値や社会的利用価値は高いのが普通であり，それらが害された場合の被害も広範囲でその回復に長期間の努力が必要となることは明らかであるから，両者の慰謝料額に差異があって然るべきである。名誉毀損における人格的損害について，人格の観念的平等を強調することは妥当とはいえない」と主張している[68]。

日本新聞協会研究所の村上研究員は，新聞に関係する裁判例を分析した結果として，特殊な例外を除けば，社会的評価の高い大学教授，裁判官，会社社長，県・市議会議員などの職業・地位・身分が，高額の慰謝料に結びつく最大の要因であるとし，「社会的な地位・身分の高い人ほど，名誉棄損(ママ)によって受ける被害は大きく，当然苦痛の度合いも大きいから，認められる慰謝料の額も大きくなる」と解している[69]。

しかしながら，以上の見解においては，政治家をはじめ，弁護士や医師，著名な芸能人らの名誉権について，一般の市民と区別する形で手厚く保護していると言いうるが，本当に，名誉毀損による精神的苦痛は，著名人・公人ほど類型的に大きいのであろうか。

第3節 求められる表現の自由との調整

第1款 公人の慰謝料額高額化と萎縮効果

名誉を毀損された者の「社会的評価は高ければ高いほど損害額は上昇する」という見解は少なくない。しかしながら，このような見解の背景には，公人の損害賠償高額化を企図する裁判官は，交通事故で社会的地位の高い人たちの逸失利益が大きいから損害賠償額も

---

68 鬼頭季郎「野球選手の自主トレーニング中の行状報道と高額な損害賠償」メディア判例百選141頁（2005）。
69 村上・前掲注（21）82頁。

大きいとされることとパラレルに名誉毀損を考えていることがあるのではなかろうか、と懸念される。

このような見解に対し、逆に、社会的評価が高いほど社会的批判を甘受しなければならない、という考え方もある。この考え方は、公人の社会的責任という観点から根拠づけることができる。すなわち、公人は、社会的活動の影響力の大きさや公的関心事としての性格、活動を評価する資料の重要性という観点から、その批判的報道については、広く許される必要がある。にもかかわらず、公人批判が原則違法とされる相当性理論の枠組の中で、公人は社会的名声が高いから原則として慰謝料額を増額して然るべきということになると、それが萎縮効果を生み、公人に対する批判的言論、あるいは公的関心事に連なる報道が抑制されることになりかねない[70]。そこで、本来は公人批判を原則違法とすること自体を改めるべきであるが、それが現状の枠組を前提にすると困難であるならば、少なくとも損害賠償額への配慮が必要と思われる。

公人について、私人よりも類型的に損害賠償額を高額化した場合、事実の真実性・相当性について予測が付きにくいことから、裁判において敗訴することを視野に入れ、マス・メディアが公人報道を自制するという「萎縮効果」をもたらす可能性があることは否定できない。活発になされるべき公人報道が損害賠償額の高額化によって抑制されるとすれば、表現・報道の自由が損なわれてしまう。やはり、公人は、社会の中で果たす役割の重要性ゆえに、その行動について国民の監視を受け、さまざまな批判を一定程度受忍する必要があろう。民主主義社会では、政治家など社会的地位の高い者こそ、国民の批判を甘受すべきであり、逆に保護されるべき名誉の範囲が狭い、と考えられている[71]。したがって、後述する裁判官の研究会による論稿の個別意見において指摘されているように、公人ほど名

---

70 右崎・前掲注（7）108頁。
71 五十嵐・前掲注（1）28頁。

誉毀損の損害額を低下させるべきである,と考えることもできる。社会的評価の高さと損害賠償額は,必ずしも比例して結びつくものではないのである。

最高裁判所も,「事実審たる裁判所が不法行為による精神的損害の賠償である慰藉料額を算定するにあたつては,当事者双方の社会的地位,職業,資産,加害の動機および態様,被害者の年令,学歴等諸般の事情を参酌すべきであることは,むしろ当然の事柄であつて,……不法行為により被上告人〔原告〕のこうむつた精神的苦痛に対する慰藉料額を算定するにあたり,……被上告人〔原告〕の職業,社会的地位等を参酌したからといつて,憲法14条にいう社会的身分により差別の取扱をしたものとはいえない[72]」と判示しているが,この判決は,慰謝料額を算定するに当たって,当事者の社会的地位,職業などを参酌すべきであるとしたものに過ぎず,社会的評価の高い人について,「一般人」より特に高額な慰謝料を認容すべきであるとするものではない,と解することができる。

東京地方裁判所損害賠償訴訟研究会は,名誉を毀損された者の社会的地位について比較的詳細に検討している。それによれば,一般に,社会的信用のある者が,その信用を低下させる事実の摘示を受けた場合には,「これによる損害はより大きいものとなると考えられる」とする一方,社会的信用の高い者については「その社会的地位ゆえに,正当な批判・問題提起を甘受すべき立場にあるということもできる」とする。この訴訟研究会は,名誉を毀損された者に社会的信用があるという事実は,賠償額を高額にする事由として考慮される場合もあるし,逆に,賠償額が低額にとどまるべき事情として考慮される可能性もある,と指摘する[73]。

---

72 最2小判昭和40年2月5日裁集民77巻321頁。
73 東京地裁損害賠償訴訟研究会・前掲注(27) 68-69頁。同訴訟研究会は,名誉を毀損された者が特に社会的信用がある者ではないとか,特に著名な者ではない場合については,信用毀損に該当する事実を摘示したとしても,「相対的には,賠償額は

司法研修所損害賠償実務研究会の個別意見にも，名誉毀損における損害額の算定基準を設定するために被害者側の事情を検討する際，「公的人物であることについてはむしろ批判にさらされるべきものであるとも考えられる」として，公人は算定基準の経歴において個人より加算の程度を低くしている，とする見解がある[74]。

　渡邊・眞田両弁護士は，損害賠償高額化の議論は著名人を前提にしている可能性があるが，一般人についても高額化の努力をすべきであるとし，社会的地位によって差別する妥当性及び国会議員や弁護士を他より高額にする妥当性などについて問題提起している[75]。田島泰彦教授も，専ら政治家も含む公人や著名人を念頭に置いた高額化が議論されているのが気にかかる，と注意を促している[76]。

第2款　現実的悪意の法理導入の必要性

　名誉毀損訴訟において高額な損害賠償が問題とされるアメリカでは，社会問題に関する批判的発言を公職者や企業などが抑え込む「武器」として，名誉毀損訴訟が使われていると指摘されている。このような武器としての新たな名誉毀損訴訟は，SLAPP (Strategic Lawsuits Against Public Participation) 訴訟と言われ，禁止する州が増加している[77]。

　　低くとどまる傾向があると考えられる」と主張する。もっとも，犯罪や不相当と評価される行為・事実を摘示して，その者が一般社会において積極的にマイナスの評価を受けるに至らせる場合には，「相当額の賠償が認められる余地がある」としている。

74　司法研修所損害賠償実務研究会・前掲注 (46) 9頁。
75　渡邊・眞田・前掲注 (5) 65頁。
76　田島・前掲注 (7) 139頁。
77　1980年代にデンバー大学の Pring 教授が，この用語を造ったとされている。*See* Pring, *SLAPPs: Strategic Lawsuits Against Public Participation*, 7 PACE ENVTL. L. REV. 3, 4 (1989). 1989年，ワシントン州が反 SLAPP 法を初めて制定して以降，既に24州が同様の立法を可決している。*See* McBrayer, *The DirecTV Cases: Applying Anti-SLAPP Laws to Copyright Protection Cease-and-Desist Letters*, 20 BERKELEY TECH. L.J. 603, 609-10 (2005).

日本においても，公人に関する損害賠償高額化の流れが加速するように見える中，松井修視教授は，SLAPP訴訟問題のように，名誉毀損訴訟のあり方や賠償の高額化問題も含めて，アメリカにおいて名誉毀損法理をどのように再構築していくのか真摯な議論が交わされている点を参考にしなければならない，と主張する[78]。松井教授はまた，損害賠償額の高額化そのものは，合理的根拠があれば反対する理由がないとしながらも，賠償額の高額化によってマス・メディアの「報道の自由」自体を抑え込むといった発想があるとすれば，大きな問題と言わなければならず，単に賠償額の多寡の問題ではなく，国民の「知る権利」と深く関わる問題なのである，と指摘している。

　確かに，損害賠償高額化そのものについては，従来の損害賠償額が余りにも低く，受けた損害に見合っていなかったことからは，賠償額の引き上げはむしろ当然と言うことができる[79]。これまで損害賠償額の算定が裁判所の裁量に委ねられ，その算定根拠も不透明であったこと，高額の損害賠償が報道に自制をもたらし，名誉権の保護に資する面もあることなどを考えると，高額化の提言も一面では評価しうる[80]。人権の値打ちが上がった，あるいは個人の人格価値に対する意識が高まったという指摘[81]も否定できないであろう。

　しかしながら，前に見た高額化の諸提言が，対立する利益である表現の自由に対して十分な配慮をしているとは思われない[82]。大阪地方裁判所損害賠償実務研究会の論稿では，「抑止効果のみを期待して損害賠償を課すことは，損害の公平な分担という不法行為制度の存在理由との関係で疑問が残る」とし，「報道の自由，表現の自由との関係も考慮する必要がある」と指摘している[83]が，近時の判決は，

78　松井・前掲注（31）67，70頁。
79　松井・前掲注（8）108頁。
80　右崎・前掲注（7）108頁。
81　田島ほか・前掲注（26）61頁〔浜田発言〕。
82　右崎・前掲注（7）108頁。

慰謝料額を引き上げることのみに急で, 言論・報道の自由と人権との調和点を探ろうという努力に欠けている印象を受けることは否めない[84]。やはり最大の問題点は, 前に述べたように, 名誉毀損訴訟における損害賠償額の高額化が表現の自由に対する萎縮効果を与えかねない点であろう。

もっとも, こうした萎縮効果に注意を促す見解に対しては, 公共性・公益目的を充たす報道であり, かつ確実な裏付取材をしたものであれば, 賠償責任を免責されるから, 賠償額の高額化は, マス・メディアへの萎縮効果とは関係ないというべきである, という批判がある[85]。この論者は, マス・メディアが市民の信頼を勝ち得るためには慎重な報道姿勢こそが重要であり, 現在の姿勢に鑑みるとき, これら萎縮効果に注意を促す見解は「かえって名誉毀損的表現行為を誘発する可能性すらあり, 賛成できない」とする。しかしながら, この論者が主張するように, 本当に賠償額の高額化は萎縮効果と関係ない, と言い切れるのか疑問がある。そもそも, 第1章において指摘したように, この論者が前提としている相当性理論自体がマス・メディアに対して萎縮効果を与えているにもかかわらず, それを当然の前提としている点に問題があろう。マス・メディアが市民の信頼を勝ち得るためには, 慎重な報道姿勢はもちろんであるが, 市民に代わって政治家など公人を批判する報道をより活発化することこそが必要であり, 単なる損害賠償額の高額化はそれを抑制させるものであると思われる。

---

83 大阪地方裁判所損害賠償実務研究会・前掲注 (49) 8頁。東京高判平成13年12月26日判時1778号73頁では,「一部の新聞や週刊誌による人権侵害にわたる私事暴露的記事は目に余るものがあり, これを抑止するには高額の慰藉料の支払を命ずるのが効果的であることは否めず, そのような社会的要請も一部にあると思われるが, 解釈論としては限度があり, ……全面的に支持することはできない」としている。「判批」として, 鬼頭・前掲注 (68) 140頁。

84 村上・前掲注 (21) 87頁。

85 大峰・前掲注 (54) 188-189頁。

第3節　求められる表現の自由との調整

　損害賠償額の高額化によって個人の名誉保護の実効化を図ろうとする場合には，表現や報道を萎縮させて「民主制の支柱」たる表現の自由・報道の自由を損なわないようにするために，従来の名誉毀損における免責法理のあり方を検討し直す必要がある[86]。現在のように，マス・メディアに対し極めて厳しい姿勢を取りつつ，損害賠償額を引き上げるというのでは，表現の自由にとって極めて重大な問題である[87]。高額化を認めるとしても，名誉権保護と表現の自由のバランスをとる必要があるから，その前提として名誉毀損訴訟の免責基準の緩和が求められよう。

　この点，公人の名誉毀損訴訟において，損害賠償額の高額化を進めるうえで，表現の自由との調整として，例えば，現実的悪意の法理を実質的に実現することを求める見解がある[88]。この見解は，高額化提案について免責法理との関係を見逃すことはできないと強調したうえで，アメリカでは，公人について現実的悪意の法理が判例法上，認められているが，このような保障がないままでの高額化は，表現活動を萎縮させる危険があり，日本において免責法理の拡大を検討していないのは問題である，と指摘する。

　確かに，高額化推進を主張する諸論稿においては，マス・メディアに対する萎縮効果を重視して表現の自由を手厚く保障しようとする姿勢は余り見られない。むしろ，個人の名誉権保護に重きを置くあまり，表現の自由保障の観点が弱くなってしまっている傾向があるようにさえ思われる。そこで，損害賠償額の高額化によって個人の名誉保護を図るとともに，表現の自由，とりわけ公的事項につい

86　右崎・前掲注（7）111頁。浜田・前掲注（39）84頁では，賠償額が高額になると報道に萎縮効果を与えることになる点を注意しなければならず，適切なバランスをとるための方法として，「算定にあたり侵害の重大性だけでなく故意の程度などを考慮」することや「低下した社会的評価を回復するのに必要な実額の補償」という考え方も検討される余地がある，としている。
87　松井・前掲注（8）108頁。
88　渡邊・真田・前掲注（5）66頁。

ての表現の自由を萎縮させないように調整を図るための選択肢として，アメリカの判例法理を参考に，現実的悪意の法理を採用することが考えられる[89]。

この法理を採用したならば，被告のマス・メディアに現実的悪意が認められない場合，原告公人は勝訴することができず，その結果，当然，損害賠償を得ることもできない。これに対し，被告メディアに現実的悪意が認められた場合，損害賠償額について一定の高額化を図るべきではなかろうか。公人は公的事項に関わるが故に，ある程度の批判を甘受しなければならないとしても，報道の虚偽性について，いわば故意・重過失のあるメディアに対してまで損害賠償額を抑制することは，もはや不法行為法における「公平」の理念に背くことになろう。第2節で概観した諸研究が主張するように，一定の高額賠償を認めることが適当であると思われる。現実的悪意が認められるときに，それを慰謝料の算定に反映させることは，制裁的に高額の慰謝料を科すという考え方を採用していない日本の裁判所においても差し支えないはずである[90]。

第4節 小 括

本稿では，名誉毀損訴訟における損害賠償額の高額化に際し，個人の名誉権保護と表現の自由保障を調整する枠組を検討した。まず，名誉の保護を手厚くするため高額化を図るとしても，公人報道に対する萎縮効果を防ぐという観点から，カテゴリカルに公人の賠償額を高額化しようとする実務の動向を批判した。そして，今後も損害賠償の高額化が進んでいくならば，表現の自由保障との調整として，

---

89 右崎・前掲注（7）111頁。
90 日本新聞協会研究所・新聞法制研究会『新・法と新聞』123頁（日本新聞協会，1990）。ここでは，現実的悪意の存在を類型化の基準にすれば，取材の名に値するような裏付取材をすることなく致命的な権利侵害をしたようなケースでは，高額賠償も可能になる，としている。

現実的悪意の法理を導入する視座が必要であることを考察した。公人の名誉毀損訴訟において，この法理を導入し，マス・メディアの現実的悪意が認定された場合にのみ高額な賠償が認められるという考え方である。

　実務において，名誉毀損訴訟の慰謝料額は裁判官の裁量によるとされ，その算定の根拠を示す必要もないのが実情である。しかし，国民の知る権利と密接に関連する公人報道を萎縮させないために，その額の算定及び表現の自由との調整を裁判官だけに手放しで委ねておく訳にはいかないように思われる。学説における，さらなる批判的検討が求められる。

結　章

　本書では，公人の公的行為に関する名誉毀損的表現について，より適切な紛争処理を目指し，現実的悪意の法理を日本の判例法理に導入する可能性を探った。政治家の行為など国民が強い関心を持ってしかるべき事項は，「強い公共性」を有するという視座を示した。そのうえで，国家の政策決定過程に自ら関与することで，強い公共性を有する「絶対的公人」についての公的関心事たる報道には，相当性理論における目的の公益性に代えて現実的悪意を要件とし，「絶対的公人」がマス・メディアの現実的悪意を立証できない場合，真実性・相当性の要件を審理することなく敗訴する，という相当性理論よりも明確な定義づけ衡量の枠組を提案した。この枠組によるならば，現在の相当性理論と異なり，訴訟の勝敗について予測が付きやすく，報道に対する萎縮効果も大きく軽減する可能性が高いから，マス・メディアの公人報道は，現在より格段に活発化すると思われる。

　本書を閉じるに当たり，ここまで展開した内容を概観したい。

　まず第1章において，相当性理論の問題点を考察した。この理論は，表現の自由保障と名誉権保護を調整する見地から判例が確立させたものであるが，「相当の理由」という曖昧な表現ゆえに，裁判になった場合の予測可能性が付きにくいだけでなく，近時の裁判例では相当性を容易に認めない「厳格化」の傾向にあることから，マス・メディアに萎縮効果を与えていることを指摘した。こうした問題点を改善するため，名誉毀損の対象者が公人か私人かによって取り扱いを区別し，公人の名誉毀損については表現の自由を手厚く保障する観点から，相当性理論を見直し，これまで表現者に課されてきた

立証責任を転換することに代表されるような、新しい枠組を検討していくべきであることを示した。

そこで、アメリカに目を転じ、憲法的観点から立証責任を公人側に転換させる現実的悪意の法理が、連邦最高裁判例によって採用された経緯及びその後の展開について、第2章で概観した。ここでは、Times 判決で公職者の職務行為に関する言説について、この法理が導入され、若干の揺れはあったものの、Gertz 判決などを経て固まったことを見た。適用範囲としては、「公職者」のほか「公的人物」にまで拡大され、「自発的公的人物」が焦点になっていることについて詳細に検討した。そして、判例及び学説の議論を再構成すれば、①名誉毀損の前提となる特定の公的論争の存在、②自発的あるいは任意的に、その論争の結果に影響を及ぼすために関与したこと、③マス・メディアに定期的継続的なアクセスを有していること、の3点が自発的公的人物の要件として考えられることを分析した。

続いて、アメリカにおける現実的悪意の法理に関する学説を手がかりに、憲法的名誉毀損法を再検討した。この第3章では、とりわけ、焦点の自発的公的人物について、類型化を再検討する余地はないか、学説の議論を見た。この点、憲法修正第1条が強度に保護するという自己統治に関係する名誉毀損的言論には現実的悪意の法理が適用され、他の名誉毀損的言論は言論内容と原告の地位という2つの軸で分析するべきであるとした Franklin の見解を参考にした。さらに注目したのは、現実的悪意の法理の適用を「政治的な」公的人物に限定する Schauer の主張である。Times 判決の意義は、政府及び公職者の職務行為に関する批判的言論が憲法修正第1条の「核心」に位置づけられるとした点にあったと言いうるから、公職者に現実的悪意の法理を適用することには、ほぼ異論がない。Schauer のいう政治的な公的人物は、まさに公職者と同様に公的政策及び政治的な意思決定に影響を及ぼし、公職者と同視しうるものとして公職者と同様に名誉権を制約することが認められるのである。

翻って，日本における現実的悪意の法理について，判例及び学説の流れを概観すると，第4章で見たように，Times 判決以降，最高裁判所の『北方ジャーナル』事件判決における谷口正孝裁判官意見など，この法理を積極的に評価する判決が散見されたが，近時は否定的な裁判例が大勢であると言える。学説では，消極的なものがある一方，肯定的に捉える見解も少なくない。

果たして，日本において現実的悪意の法理を導入することができるかどうか考察した。学説上，名誉毀損的表現の規制の合憲性は，「定義づけ衡量」によって判断するのが妥当であろう，と解されている。元来，相当性理論の前提となる刑法230条の2自体が，この考え方を法文にしようとしたものであり，最高裁判例は戦後の早い時期から，その趣旨を用い，相当性理論を導入した『夕刊和歌山時事』判決は定義づけ衡量を明確にした，と考えられている。現実的悪意の法理は，表現の自由に配慮した定義づけ衡量を，より一層明確化した言論保護的基準である。現実的悪意の法理及び最高裁判例は，定義づけ衡量の趣旨を採り入れたと理解される点で，根底において共通するものがあると言えることを示した。

それでは，最高裁判例は，Times 判決のように，「公的事項」に関する表現の自由を特に手厚く保護する姿勢を有していたのだろうか。この点，民主政において公的事項に関する議論が自由かつ活発になされるために，公的事項に関する議論をそれ以外の議論と意識的に区別したうえで，さらに問題の公的事項が強く保護されるべき程度の公共性を有するか否かについて検討し，「強い公共性」を有する事項は，憲法によってより手厚く保障すべきではなかろうか，という視座を提示した。この観点からすると，問題となる事項の公共性の程度を明確な形では意識しない相当性理論は，公的事項に関する表現の自由に対する意識が希薄だった面があるといわざるを得ない。公人の職務行為に関する事項は，強い公共性を有するため，公人報道は自由になされるべきである。そのように考えることができると

すれば，公人の名誉を保護する程度は弱くなり，その分だけ表現の自由の要請が大きくなると言えよう。そこで，少なくとも公人に関する言論には，相当性理論よりも言論保護的な現実的悪意の法理を適用すべきである，と論を進めた。

現実的悪意の法理を導入するとすれば，どのように組み入れたらよいのであろうか。この法理の趣旨は，虚偽についての「故意又は重過失」ともいうべき例外的な場合を除く表現が保護される点にある。こうした現実的悪意は，まさに正確な事実を追究しないマス・メディアの姿勢を示すものであり，目的の公益性を否定する大きなファクターになりうるから，判例法理をより明確にして予測可能性を高めるために，強い公共性を有する事項に関する表現については，この2つの要件を入れ替えるという考え方を示した。そして，公益性の要件に代えて，強い公共性を有する公人に関する言論には現実的悪意を要件とし，公人に事実の公共性の要件が認定され，公人原告がマス・メディアの現実的悪意を立証できなかった場合，真実性・相当性の要件は審理せずに被告が勝訴する，という相当性理論よりも明確な定義づけ衡量の枠組を提案した。

次に，日本における公人の名誉保護について論及した。第5章で示したように，マス・メディアによる名誉毀損を考える場合，メディアが作り出し，言説が交換される公共的な社会空間「公共圏」において，メディアと表現客体との「相互関係」が問題となりうる。公人は，公共空間においてメディアへのアクセスを有し，危険を引き受けるなど，私人とは異なった社会的地位・役割を持っているうえ，国民の知る権利との関係からも，対象の地位が公的であればあるほど，名誉保護の要請よりも表現の自由保障の要請が優越すると言えるから，その名誉権を私人よりも特に制約することができることを指摘した。

もっとも，現実的悪意の法理を導入した場合，公人の名誉権は事実上，大きく制約される可能性があるため，この法理を全ての公人

に適用すべきか否かが問題となる。そこで、公人類型の再構成を検討した。第3章で分析したアメリカにおける学説の議論を踏まえ、公共の利害に関わる人たちのうち、公職者をはじめ、社会の欲求を国家に直接媒介するという政治的な役割を担う人々を「絶対的公人」と、これに対し、その専門性を通じて社会に影響を与える役割を担う人々を「相対的公人」と呼ぶことにした。表現の自由が政治参加に不可欠な権利であることを考慮して、国家の政策決定過程に関与する「絶対的公人」と、関与しない「相対的公人」を区別することとし、「絶対的公人」のみを現実的悪意の法理の適用対象とすべきであると考えた。

さらに、絶対的公人といっても、その人物が関わる全ての事項に関して、この法理が適用されると解するのは過重な負担になると思われる。適用範囲に限定を加える必要はないだろうか。ここでも第3章におけるアメリカの学説の分析を踏まえ、公人たる所以となる職務との関連性を考慮に入れ、誰のことを伝えるかという「報道対象」と、どんなことを伝えるかという「報道内容」を区別し、その2つの相関関係で判断すべきである、と結論づけた。政治家については、純粋な私的事項を含め全て対象とする一方、それ以外の絶対的公人については、私的事項は原則として適用対象外にすべきであるとした。そして、私見によって公的事項に関する表現の自由が強く保護されることを実際の裁判例で検証した。本書で提案した枠組を適用すれば、立証責任の転換をはじめ、訴訟の結論についての予測可能性、マス・メディアに対する萎縮効果の抑制などが図られ、公人報道がより活性化されることを示した。

補論では、名誉毀損訴訟において損害賠償額の高額化傾向が強まる中で、カテゴリカルに公人ほど賠償額を高額化しようとする裁判例を批判した。個人の名誉権保護をより重視して高額化を進めるならば、名誉権保護と表現の自由保障とを調整する観点から免責法理のあり方を再検討し、公人報道に対する萎縮効果を防ぐために、現

実的悪意の法理を導入する必要性があることを主張した。

こうした私見に対し、さまざまな批判がありうるだろう。

まず考えられるのは、相当性理論は最高裁判例において確立されており、簡単には変更されない、というものである。現実には、その通りかもしれない。しかし、第2章で見たように、アメリカにおいてでさえ、長い間、表現の自由の保護を受けないとされてきた名誉毀損的表現が、連邦最高裁判決によって手厚く保護されるようになったのは、たかだか40年余り前である。両国に法体系の違いがあるとしても、民主政を支えるという表現の自由に対する理解は、根底において共通するものであろう。そうだとすれば、日本においても、公人に限定した形で名誉毀損法理を変更する可能性は十分あると思われる。

また、「強い公共性」という視座について、そうではないものとの区別の基準がはっきりしない、あるいは区別自体が困難である、という批判が考えられる。「公人／私人」及び「絶対的公人／相対的公人」という区別についても同様であろう。確かに、区別にあたってボーダーラインにグレーゾーンが残ることは避けられない。とは言っても、グレーゾーンが残ることを回避するために、国民の誰もが「強い公共性」を有すると考える、例えば政治家について、私人とほぼ同様の枠組で処理する現状の判例法理が「放置」されていいはずがないのではなかろうか。結果的に、「手厚く」保護されている政治家などに照準を絞って、現状を修正していく必要があり、まさに裁判例が集積される中で、区別の基準が明確になっていくものと思われる。

相当性理論における目的の公益性に代えて現実的悪意を要件とする論拠についても、批判がありうる。この点、第4章において判例を分析した結果からも分かるように、近時、公益性の有無を判断する材料として、言説の根拠となる裏付資料がクローズアップされているが、この要件に対しては、明確な基準性を持たないという最高

裁判事の批判があり，従来余り着目されてこなかったという指摘もある。そこで，より明確な要件として「現実的悪意」(この用語が誤解を生みかねないのであれば，言説の虚偽についての「故意・重過失」と言い換えうる) に注目し，表現の自由を手厚く保障するために，この要件を公益性の要件と入れ替えることを提案したいのである。

おわりに

　新聞記者になって今春で23年。駆け出し時代から新聞をめぐる法律問題に関心を持ってきたが，ほぼ四半世紀の間に，人権に関わる記事の書き方は少なからず変化した。

　新人当時のスクラップ帳を見直すと，社会面の大きな事故のニュースでは，被害者の住所が「○○市○○町2の12の2」といったように，詳細に報じられていることが目に付く。現在では○○町でとめられ，番地まで掲載されることはない。

　事件や事故の記事では，火事に遭った68歳の女性に「老女」の見出しが付き，同じく68歳男性は「バイクの老人死ぬ」と報道されている。今では，「老人」が「高齢者」「お年寄り」と言い換えられ，こうした見出しも「68歳女性」「バイクの68歳死亡」と付けられるはずだ。

　顔写真の扱いも変わった。交通事故などで子どもが亡くなると，その顔写真を探し回り，掲載するのが地域面では当たり前だったが，いつの間にかほとんど見なくなった。殺人事件などの容疑者の顔写真も頻繁に載っていたが，これも少なくなっている。

　犯罪記事で呼び捨てにしていた被疑者に「容疑者」という呼称を付けたことも大きな変化だ。後を追うようにして，断定的だった見出しに原則「容疑」という言葉が付くようになった。

　こうした「変化」はまやかしだ，という批判もありうる。しかし，新聞社が人権に配慮した姿勢を見せていることは間違いない。

　本書のテーマ，名誉毀損についてはどうか。

　筆者は，名誉毀損訴訟と無縁の四半世紀だった。自身が書いた記事や付けた見出しで，名誉を毀損されたと抗議を受けたことはない。周囲も同様だ。この点は，あまり「変化」がないと言えるかもしれない。むしろ，日本新聞協会加盟の新聞社にいて，そうした経験が

ある記者はほとんどいないのではないか。それほど近年の新聞社は，個人の名誉権をはじめとする人格権に注意を払ってきた。

　名誉毀損の裁判例のリストを見ると，被告の欄には，週刊誌などを発行する出版社がズラリと並んでいる。この現状から，マス・メディアを新聞社と出版社に分け，「悪質」な事例の多い後者を手厚く保護する必要はないという意見がある。しかし，公人が隠しておきたい不正を白日の下にさらすことの意義にメディアの違いはない。出版社が敗訴した裁判で使われた法理は，新聞社の訴訟でも適用される。雑誌を対岸の火事と座視してよい訳がない。

　大学院で研究する中，学会などで一線の研究者と交流できたことは思い出深い。ただ，くだけた雰囲気になる夜の懇親会の席上，マス・メディアに萎縮効果など果たしてあるのか，という「本音」を吐露される憲法学者がいたことには驚いた。表現の自由に理解が深いはずなのに，メディアの実情が案外知られていない。むしろ，メディアに対する冷ややかな視線すら感じた。

　萎縮効果といえば，首相の提訴などは，その最たるものだ。森喜朗元首相のケースでは，現職の内閣総理大臣が小出版社を相手取り，名誉毀損訴訟を起こした。

　提訴の際，会見した原告側弁護士は，虚偽の事実を放置する訳にはいかず法的に処置してほしい，と首相から要請されたことを明かし，刑事告訴については「一国の総理大臣がするのはどうかと思い，民事訴訟だけにした」と説明した。これに対し，被告の月刊誌『噂の真相』編集長は，記事内容に自信を持っているとし，「森首相は公人中の公人であり，プライバシーの侵害にあたるとも考えていない」とコメントしている（2000年5月17日付読売，毎日新聞など参照）。

　首相は批判的報道にたやすく反論でき，それが大抵報道される。これ以上「反論能力」を持つ人はいない。訴訟に持ち込むと，当事者だけでなく他のメディアにも大きな威嚇となる。政治的権力を持つ者が提訴すること自体，「どうか」と思う。やはり公人は，表現の

自由を重視したプロセスの中で，紛争を処理していかなければならない。

公人の名誉毀損訴訟では損害賠償額が高額化し，マス・メディアへの萎縮効果は強まる一方だ。他方，一般の私人は置き去りにされたかのようであり，まさに「強者に優しく，弱者に厳しい」司法が展開されている。裁判所の「常識」は，憲法の「非常識」になっていないか。個人の名誉権を保護することは当然だが，憲法自体が法益保護に配慮しつつも，民主主義を育てるため，表現の自由を手厚く保障しようと決断している。少なくとも，政治的権力を持つ公人は，公共空間でマス・メディアがする批判を「民主主義の費用負担」として受忍するべきであり，その方向で判例法理も修正されるべきである。

相当性理論を確立させている日本の判例法理に，法制度の異なるアメリカで運用されている形のままで現実的悪意の法理を組み入れることは容易でない。しかし，表現の自由の観点から，深刻な問題を抱える日本の判例の現状は到底，是認できない。そこで本書では，公人の名誉毀損について，現実的悪意の法理を，そのまま日本に導入せよと主張するのではなく，あくまで判例の相当性理論を前提として，要件を組み替える形で導入する枠組を提案した。

この枠組には，マス・メディアの表現の自由を保護しすぎる，という異論があるだろう。しかし，誤解しないでほしい。私見は，メディアを手厚く保護すること自体を目的とするものではなく，メディアを手厚く保護することによって公人に関する報道を活性化させ，その問題点を国民の前により多く提示することを目指している。主権者たる国民の「知る権利」に資するものなのである。

ただ，課題も残っている。名誉毀損の免責3要件のうち，「公共性」については，諸研究の一部に接しただけであり，さらに視野を広げながら私見を磨かねばならない。また，「公益性」について，現実的悪意と要件を入れ替えるため，その意義を一層深く考察するこ

とが必要だ。「絶対的公人」及び「相対的公人」という公人類型の再構成について，多くの裁判例を分析し，より緻密な検討を加えたい。マス・メディアの「萎縮効果」に関する議論を発展させることも求められよう。名誉毀損のほか，プライバシー侵害などメディアをめぐる法的問題についても，徐々に幅を広げつつ研究を深めていくことを考えている。

　現実的悪意の法理について「実定法上の根拠を欠く」と突き放す実務に対し，本書が公人報道の重要性を再検討する端緒になれば——。大学院に入る際，学問の世界とマス・メディアの現場を「架橋」する，と心に決めた。この宿題は，本書の執筆で多少とも実現できたかもしれない。

参考文献

愛敬浩二「文学とわいせつ（3）――『四畳半襖の下張』事件」メディア判例百選（2005）
青柳幸一「取材源の秘匿と表現の自由――朝日新聞記者証言拒否事件」メディア判例百選（2005）
朝日新聞社会部編『被告席のメディア』（朝日新聞社，1994）
芦部信喜『憲法学Ⅲ人権各論（1）〔増補版〕』（有斐閣，2000）
――――『憲法〔第4版〕』（岩波書店，2007）
――――『現代人権論――違憲判断の基準』（有斐閣，1974）
安次富哲雄「特定の者の作品として美術品を販売のために陳列している百貨店が右美術品につき贋作の疑いがあるとの週刊誌の記事により名誉又は信用が毀損されたとしてその公刊者に対してする損害賠償又は民法七二三条所定の処分の請求と右美術品の真贋に対する立証責任」判例評論444号（1996）
梓澤和幸ほか「表現の自由とプライバシーの現状と課題」田島泰彦・山野目章夫・右崎正博編『表現の自由とプライバシー――憲法・民法・訴訟実務の総合的研究』（日本評論社，2006）
天野勝文・桂敬一・林利隆・藤岡伸一郎・渡辺修編『岐路に立つ日本のジャーナリズム――再構築への視座を求めて』（日本評論社，1996）
蟻川恒正「謝罪広告強制の合憲性」メディア判例百選（2005）
――――「署名と主体」樋口陽一ほか編『国家と自由――憲法学の可能性』（日本評論社，2004）
淡路剛久「民法上の名誉毀損と真実性・相当性の抗弁――『署名狂やら殺人前科』事件」メディア判例百選（2005）
飯室勝彦『報道の自由が危ない――衰退するジャーナリズム』（花伝社，2004）
――――『報道の中の名誉・プライバシー――「ロス疑惑」にみる法的限界』（現代書館，1991）
――――「最高裁が誘導した慰謝料の高騰」飯室勝彦・赤尾光史編『包囲されたメディア――表現・報道の自由と規制三法』（現代書館，2002）
五十嵐清『人格権法概説』（有斐閣，2003）
五十嵐清・田宮裕『名誉とプライバシー』（有斐閣，1968）
幾代 通『不法行為』（筑摩書房，1977）
池端忠司「名誉毀損と事前差止め――『北方ジャーナル』事件」憲法判例百選Ⅰ〔第5版〕（2007）

参考文献

石村善治「表現の自由」ジュリスト増刊『日本国憲法―― 30年の軌跡と展望』（1977）
石村善治編『現代マスコミ法入門』（法律文化社，1993）
石村善治・堀部政男編『情報法入門』（法律文化社，1999）
板倉　宏「名誉毀損罪における『公共の利害に関する事実』の範囲――月刊ペン事件最判56・4・16を中心に」法律のひろば1982年1月号
伊藤正己『憲法〔第3版〕』（弘文堂，1995）
―――「取材源の秘匿と新聞の自由」マスコミ判例百選〔第2版〕（1985）
―――「プライバシーと表現の自由」ジュリスト増刊『憲法の判例〔第3版〕』（1977）
一井泰淳・下久保翼「取材源の秘匿を認めた最高裁決定――取材・報道の自由を守った判断の意義」新聞研究665巻（2006）
市川正人『表現の自由の法理』（日本評論社，2003）
井上繁規「名誉毀損による慰謝料算定の定型化及び定額化の試論」判例タイムズ1070号（2001）
上村貞美「言論の自由と名誉毀損における真実性の証明――『夕刊和歌山時事』事件」憲法判例百選Ⅰ〔第5版〕（2007）
―――「表現の自由・名誉毀損・証明責任」香川法学19巻1号（1999）
上村　都「事実主張による名誉毀損と真実性の証明――『注意義務』と『説明責任』を中心として」日本法政学会50周年記念『現代法律学の課題』（2006）
右崎正博「名誉毀損訴訟における損害賠償高額化と表現の自由」法律時報74巻9号（2002）
―――「名誉・プライバシーと表現の自由」法学セミナー382号（1986）
―――「名誉・プライバシー侵害と表現の事前差止」小林孝輔教授還暦記念『現代法の諸領域と憲法理念』（学陽書房，1983）
内田文昭『刑法各論〔第3版〕』（青林書院，1996）
浦田賢治「裁判長取調官と取引き」マスコミ判例百選〔第2版〕（1985）
浦部法穂『憲法学教室〔全訂第2版〕』（日本評論社，2006）
―――『注釈日本国憲法上巻』（青林書院新社，1984）
―――「言論の自由と名誉毀損における真実性の証明――『夕刊和歌山時事』事件」憲法判例百選Ⅰ〔第4版〕（2000）
江橋崇ほか「法と新聞の現在」日本新聞協会研究所編『新・法と新聞』（日本新聞協会，1990）
榎原　猛『表現権理論の新展開』（法律文化社，1982）
榎原　猛編『新版　基礎憲法』（法律文化社，1999）

────『世界のマス・メディア法』(嵯峨野書院, 1996)
大石泰彦『メディアの法と倫理』(嵯峨野書院, 2004)
────「ノンフィクション作品における前科等事実の公表──『逆転』事件」メディア判例百選 (2005)
大阪地方裁判所損害賠償実務研究会「名誉毀損による損害賠償額の算定」NBL731号 (2002)
大阪地方裁判所判事補・57期・民事部「名誉毀損関係訴訟について──非マスメディア型事件を中心として」判例タイムズ1223号 (2007)
大塚 仁『刑法概説 (各論) 〔増補2版〕』(有斐閣, 1980)
大峰義孝「不法行為に基づく損害賠償請求」松村光晃・中村秀一編『名誉毀損・プライバシー 報道被害の救済──実務と提言』(ぎょうせい, 2006)
岡田信弘「取材の自由と国家秘密──外務省秘密電文漏洩事件」メディア判例百選 (2005)
岡部純子「名誉毀損,信用毀損による損害賠償額の算定基準」升田純編『名誉毀損・信用毀損の法律相談』(青林書院, 2004)
奥平康弘『ジャーナリズムと法』(新世社, 1997)
────『憲法裁判の可能性』(岩波書店, 1995)
────『「表現の自由」を求めて──アメリカにおける権利獲得の軌跡』(岩波書店, 1999)
────『なぜ「表現の自由」か』(東京大学出版会, 1988)
────『表現の自由Ⅱ』(有斐閣, 1983)
────『表現の自由とはなにか』(中央公論社, 1970)
────「マスコミと名誉・プライバシー」ジュリスト増刊『現代のマスコミ』(1976)
────「ジャーナリズムと法律」城戸又一編集委員代表『講座現代ジャーナリズムⅣ ジャーナリスト』(時事通信社, 1974)
────「『知る権利』の法的構成」ジュリスト449号 (1970)
奥平康弘編『文献選集日本国憲法6 自由権──思想・表現の自由』(三省堂, 1977)
尾島茂樹「捜査当局の公の発表のない場合と相当性 (1)──嬰児変死事件」メディア判例百選 (2005)
小野清一郎『名誉と法律』(日本評論新社, 1952)
尾吹善人「言論の自由と名誉毀損」マスコミ判例百選 (1971)
紙谷雅子「パブリック・フィギュアと現実の悪意──公的な人物に対する名誉毀損」法学教室236号 (2000)

―――「表現の自由論の現状――アメリカ」ジュリスト増刊『変革期のメディア』(1997)
―――「Philadelphia Newspapers, Inc. v. Hepps, ―― U.S. ――, 106 S.Ct.1558 (1986)――新聞が公的関心事について公表し，名誉を毀損したならば，私人たる原告は，被告の faults のみならず，叙述の虚偽性を立証しなければ，損害を回復できない」アメリカ法1987 I
―――「Dun & Bradstreet,Inc.v.Greenmoss Builders, Inc., 472 U.S. 749, 105 S.Ct. 2939 (1985)――私人に関わる私的関心事に関する名誉毀損となる虚偽の叙述は懲罰的損害賠償に現実の悪意の立証を必要とする公的関心事ではないとした事例」アメリカ法1987 II
神田孝夫「意見ないし論評の表明と名誉毀損」民法判例百選II〔第4版〕(1996)
北岡　守「名誉毀損法と修正第一条――最近のアメリカ連邦最高裁の判例を中心として」青山法学論集29巻2号 (1987)
喜田村洋一『報道被害者と報道の自由』(白水社，1999)
鬼頭季郎「野球選手の自主トレーニング中の行状報道と高額な損害賠償」メディア判例百選 (2005)
君塚正臣「精神的自由権」榎原猛編『新版　基礎憲法』(法律文化社，1999)
木村靜子「名誉毀損罪における事実の真実性に関する錯誤」刑法判例百選II〔第4版〕(1997)
京野哲也「私人の名誉は公人の名誉より軽いか――名誉・プライバシー侵害訴訟再考の視点 (1) ― (5・完)」判例タイムズ1250－52号 (2007)，1253－54号 (2008)
久保田きぬ子「New York Times Co. v. Sullivan, 376 U.S. 254 (1964)――Libel と言論の自由」アメリカ法1965
窪田充見「刑事第1審判決を資料とした場合の名誉毀損の成否」メディア判例百選 (2005)
桑原壮一「アメリカ名誉毀損法改革論の新動向」法政理論28巻1号 (1995)
気賀沢洋文「『表現の自由』を守るのは言論人――国家と市民に挟撃されるマスコミ」法律のひろば1986年10号
小池一利「損害賠償と回復処分」竹田稔・堀部政男編『新・裁判実務体系9　名誉・プライバシー保護関係訴訟法』(2001)
小林　節「有名人のプライバシーと報道の自由」新聞研究433号 (1987)
―――「名誉権・プライバシーの権利とその保護」ジュリスト増刊『憲法と憲法原理――現況と展望』(1987)
駒村圭吾『ジャーナリズムの法理――表現の自由の公共的使用』(嵯峨野書院，

2001)

斉藤　博「名誉・プライバシーとその民事上の保護」ジュリスト959号（1990）
佐伯仁志「公共の利害に関する事実」メディア判例百選（2005）
―――「名誉・プライヴァシーの侵害と刑事法上の問題点」ジュリスト959号（1990）
阪口正二郎「文学とわいせつ（1）――チャタレー事件」メディア判例百選（2005）
笹田栄司「取材源の秘匿と公正な裁判――北海道新聞記者証言拒否事件」メディア判例百選（2005）
佐藤幸治『憲法〔第3版）］』（青林書院，1995）
―――「表現の自由」芦部信喜編『憲法Ⅱ　人権（1）』（有斐閣，1978）
―――「表現の自由」川又良也編『総合研究アメリカ4　平等と正義』（研究社，1977）
―――「憲法と人格権」有倉遼吉教授還暦記念『体系・憲法判例研究Ⅲ　基本的人権（2）』（日本評論社，1975）
阪本昌成　『憲法理論Ⅲ』（成文堂，1995）
―――『憲法2　基本権クラシック〔第2版〕』（有信堂高文社，2002）
―――『プライヴァシー権論』（日本評論社，1986）
―――「第4の権力――マスメディアの位置と機能」ジュリスト1311号（2006）
―――「包囲されるプレスの自由」法学セミナー564号（2001）
―――「表現の自由を支えるもの」新聞研究591号（2000）
―――「脱リーガル・モラリズムの重大な一歩――『社会に正当な関心事』とは何か」新聞研究586号（2000）
―――「名誉・プライヴァシーの侵害と表現の自由」ジュリスト959号（1990）
―――「名誉の保護と司法的事前抑制」法律のひろば1986年10月号
―――「表現の自由とプライヴァシー――真実公表の限界」ジュリスト854号（1986）
佐瀬一男「名誉毀損罪と表現の自由」伊藤満先生喜寿記念『比較公法学の諸問題』（八千代出版，1990）
塩崎　勤「名誉毀損による損害額の算定について」判例タイムズ1055号（2001）
宍戸常寿「名誉毀損と事前差止め――北方ジャーナル事件」メディア判例百選（2005）
渋谷秀樹「公正な論評の法理――長崎教師批判ビラ事件」メディア判例百選（2005）
清水公一「アメリカ合衆国における憲法法理としての名誉毀損法の展開――『現実の悪意（actual malice）』の法理の新展開」慶応義塾大学法学政治学論究

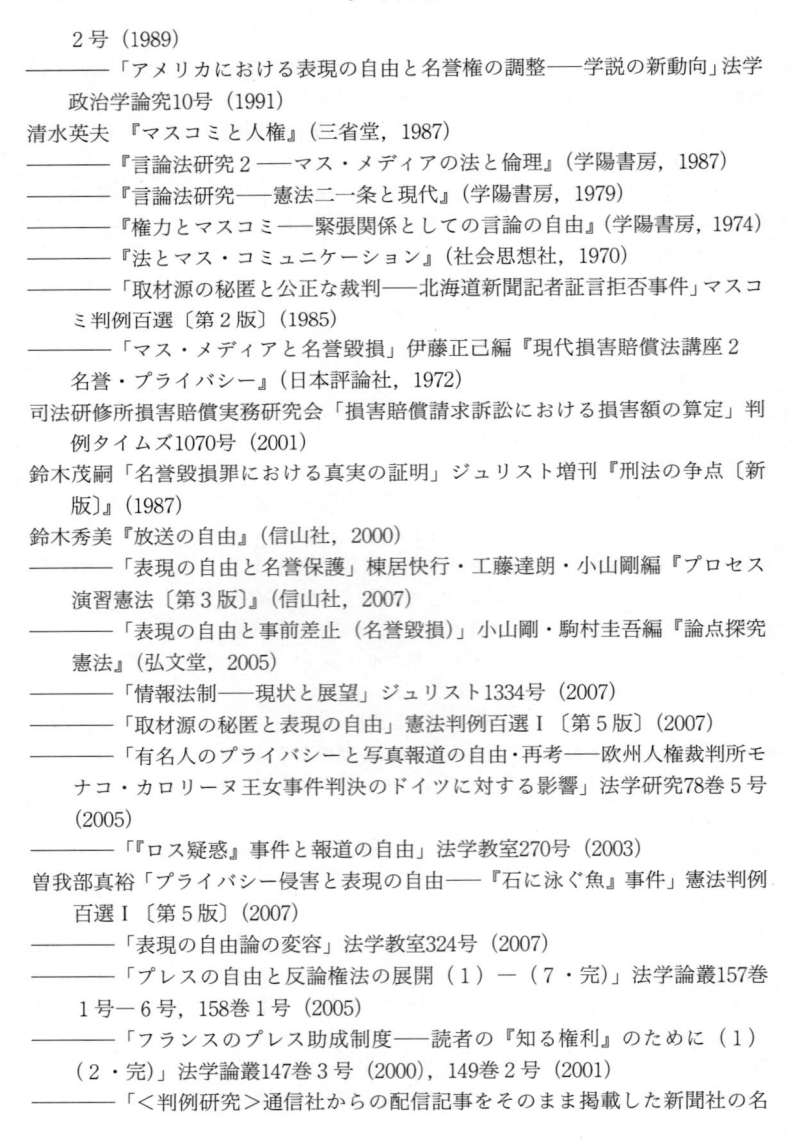

2号（1989）

———「アメリカにおける表現の自由と名誉権の調整——学説の新動向」法学政治学論究10号（1991）

清水英夫『マスコミと人権』（三省堂, 1987）

———『言論法研究2——マス・メディアの法と倫理』（学陽書房, 1987）

———『言論法研究——憲法二一条と現代』（学陽書房, 1979）

———『権力とマスコミ——緊張関係としての言論の自由』（学陽書房, 1974）

———『法とマス・コミュニケーション』（社会思想社, 1970）

———「取材源の秘匿と公正な裁判——北海道新聞記者証言拒否事件」マスコミ判例百選〔第2版〕（1985）

———「マス・メディアと名誉毀損」伊藤正己編『現代損害賠償法講座2 名誉・プライバシー』（日本評論社, 1972）

司法研修所損害賠償実務研究会「損害賠償請求訴訟における損害額の算定」判例タイムズ1070号（2001）

鈴木茂嗣「名誉毀損罪における真実の証明」ジュリスト増刊『刑法の争点〔新版〕』（1987）

鈴木秀美『放送の自由』（信山社, 2000）

———「表現の自由と名誉保護」棟居快行・工藤達朗・小山剛編『プロセス演習憲法〔第3版〕』（信山社, 2007）

———「表現の自由と事前差止（名誉毀損）」小山剛・駒村圭吾編『論点探究憲法』（弘文堂, 2005）

———「情報法制——現状と展望」ジュリスト1334号（2007）

———「取材源の秘匿と表現の自由」憲法判例百選Ⅰ〔第5版〕（2007）

———「有名人のプライバシーと写真報道の自由・再考——欧州人権裁判所モナコ・カロリーヌ王女事件判決のドイツに対する影響」法学研究78巻5号（2005）

———「『ロス疑惑』事件と報道の自由」法学教室270号（2003）

曽我部真裕「プライバシー侵害と表現の自由——『石に泳ぐ魚』事件」憲法判例百選Ⅰ〔第5版〕（2007）

———「表現の自由論の変容」法学教室324号（2007）

———「プレスの自由と反論権法の展開（1）—（7・完）」法学論叢157巻1号—6号, 158巻1号（2005）

———「フランスのプレス助成制度——読者の『知る権利』のために（1）（2・完）」法学論叢147巻3号（2000），149巻2号（2001）

———「＜判例研究＞通信社からの配信記事をそのまま掲載した新聞社の名

誉毀損責任が認められた事例」奈良法学会雑誌15巻1・2号（2000）
曽根威彦『表現の自由と刑事規制』（一粒社，1985）
高佐智美「名誉毀損と『公共ノ利害ニ関スル事実』——『月刊ペン事件』」憲法判例百選Ⅰ〔第5版〕（2007）
田頭章一「真実性についての証明責任・証明の程度」メディア判例百選（2005）
高橋和之『立憲主義と日本国憲法』（有斐閣，2005）
竹田　稔『名誉・プライバシー侵害に関する民事責任の研究』（酒井書店，1982）
―――『プライバシー侵害と民事責任』（判例時報社，1991）
橘　弘道「調査報道と人権——報道実務の立場から」法律のひろば1985年5月号
田島泰彦「芸能人の私生活を暴露する週刊誌記事と高額な損害賠償——大原麗子事件」メディア判例百選（2005）
―――「ノンフィクションと前科の公表——ノンフィクション『逆転』事件」憲法判例百選Ⅰ〔第5版〕（2007）
田島泰彦・右崎正博・服部孝章編『現代メディアと法』（三省堂，1998）
田島泰彦・山野目章夫・右崎正博編『表現の自由とプライバシー——憲法・民法・訴訟実務の総合的研究』（日本評論社，2006）
立山紘毅『現代メディア法研究——憲法を現実に作動させるファクター』（日本評論社，1996）
田中英夫『英米法のことば』（有斐閣，1986）
田中康久「慰謝料額の算定」坂井芳雄編『現代損害賠償法講座7　損害賠償の範囲と額』（日本評論社，1974）
塚本重頼『英米法における名誉毀損の研究』（中央大学出版部，1988）
―――「アメリカ法における公務員に対する批判と名誉毀損——ニューヨーク・タイムズ事件を中心として」法曹時報18巻4号（1966）
佃　克彦『名誉毀損の法律実務』（弘文堂，2005）
坪井明典「報道の自由と名誉保護との調和——相当性の法理の再考を」自由と正義2005年9月号
東京地方裁判所損害賠償訴訟研究会「マスメディアによる名誉毀損訴訟の研究と提言」ジュリスト1209号（2001）
戸波江二「インタビュー記事での不正確な引用の『虚偽』性と名誉毀損」ジュリスト1014号（1992）
長岡　徹「表現の自由と名誉毀損」ジュリスト増刊『憲法の争点〔第3版〕』（1999）
西土彰一郎「メディア状況の変容と表現の自由」憲法問題19号（2008）
日本新聞協会編『新聞の自由』（岩波書店，1952）

日本新聞協会研究所『マスコミ関係事件裁判例集〔第3集〕』(日本新聞協会, 1981)
日本新聞協会研究所・新聞法制研究会『新・法と新聞』(日本新聞協会, 1990)
日本新聞協会新聞編集関係法制研究会編『法と新聞』(日本新聞協会, 1972)
日本新聞協会編集部『取材と報道——新聞編集の基準』(日本新聞協会, 1980)
のぞみ総合法律事務所編『新・名誉毀損』(商事法務, 2006)
野村　稔「名誉の保護と報道」刑法雑誌28巻2号(1987)
長谷部恭男『憲法〔第3版〕』(新世社, 2004)
――――『テレビの憲法理論——多メディア・多チャンネル時代の放送法制』(弘文堂, 1992)
――――「国家による自由」ジュリスト1244号(2003)
――――「『マスメディアの表現の自由』は『人権』とは異なる」新聞研究593号(2000)
花田達朗『メディアと公共圏のポリティクス』(東京大学出版会, 1999)
花見常幸「アメリカ憲法における名誉毀損的表現と『公的人物』テスト」伊藤満先生喜寿記念『比較公法学の諸問題』(八千代出版, 1990)
浜田純一『情報法』(有斐閣, 1993)
――――「マス・メディアと表現の自由」ジュリスト1089号(1996)
――――「表現の自由の保障根拠」ジュリスト増刊『憲法の争点〔第3版〕』(1999)
浜田純一・田島泰彦「この10年のマスコミ判例を振り返って」新聞研究576号(1999)
浜辺陽一郎『名誉毀損裁判——言論はどう裁かれるのか』(平凡社, 2005)
早川武夫「報道の自由と現実の悪意」法律時報57巻6号(1985)
樋口陽一『憲法〔第3版〕』(創文社, 2007)
平川宗信『名誉毀損罪と表現の自由』(有斐閣, 1983)〔2000年に復刻版発行〕
――――「記事内容の真実性に関する錯誤」メディア判例百選(2005)
――――「報道の自由と名誉毀損罪」法律のひろば1993年12月号
――――「名誉毀損罪と表現の自由」ジュリスト653号(1977)
平野龍一『法律学全集43 刑事訴訟法』(有斐閣, 1958)
平山信一『名誉毀損』(自由国民社, 1995)
広田健一「最低限の『裏付け取材』を怠る一部週刊誌の実態」潮2006年11月号
福田　平「真実の証明による免責」マスコミ判例百選〔第2版〕(1985)
藤木英雄「事実の真実性の誤信と名誉毀損罪」法学協会雑誌86巻10号(1969)
藤倉皓一郎「アメリカにおける名誉毀損に対する懲罰的損害賠償の機能」田中

英夫先生還暦記念『英米法論集』(東京大学出版会, 1987)
堀内　明「公正な論評」竹田稔・堀部政男編『新・裁判実務体系9　名誉・プライバシー保護関係訴訟法』(青林書院, 2001)
堀部政男「New York Times Co. v. Sullivan　名誉毀損と言論の自由」英米判例百選〔第3版〕(1996)
─────「言論の自由と名誉毀損」英米判例百選Ⅰ公法 (1978)
─────「Gertz v. Robert Welch, Inc., 418 U.S. 323 (1974) ──ニュース・メディアの表現の自由と私的個人の名誉の保護」アメリカ法1976Ⅰ
─────「表現の自由と人格権の保護」伊藤正己編『現代損害賠償法講座2　名誉・プライバシー』(日本評論社, 1972)
─────「マスコミと人権」ジュリスト449号 (1970)
─────「Curtis Publishing Co. v. Butts; Associated Press v. Walker, 388 U.S. 130 (1967) ──公人に対するlibelと言論の自由」アメリカ法1969Ⅰ
法学セミナー増刊『人権と報道を考える』(1998)
─────『マス・メディアの現在』(1986)
─────『資料集　人権と犯罪報道』(1986)
前田　聡「名誉毀損における『相当性理論』の憲法的考察 (1)(2・完)」筑波法政38号, 39号 (2005)
前田雅英『刑法各論講義〔第2版〕』(東京大学出版会, 1995)
─────「名誉毀損罪の真実性の証明」法学セミナー391号 (1987)
前田正義「いわゆる取材源秘匿権の法理の再構成そして拡大的解消──ジャーナリストの事実上の地位と法上の地位の狭間で」海上保安大学校研究報告50巻2号 (2005)
─────「いわゆる取材源秘匿権と萎縮的効果」阪大法学53巻6号 (2004)
─────「いわゆる取材源秘匿権におけるノンコンフィデンシャル情報の保護」阪大法学53巻2号 (2003)
升田　純『名誉毀損・信用毀損の法律相談』(青林書院, 2004)
─────「名誉と信用の値段に関する一考察──名誉・信用毀損肯定判例の概観 (1)─(3・完)」NBL627号, 628号 (1997), 634号 (1998)
─────「名誉毀損・信用毀損の実務の変貌 (1)─(3・完)」NBL777号, 786号, 787号 (2004)
松井茂記『日本国憲法〔第3版〕』(有斐閣, 2007)
─────『マス・メディアの表現の自由』(日本評論社, 2005)
─────『アメリカ憲法入門〔第5版〕』(有斐閣, 2004)
─────『マス・メディア法入門〔第3版〕』(日本評論社, 2003)

――――『インターネットの憲法学』(岩波書店, 2002)
――――「ジャーナリズムと公共性」新聞研究653号 (2005)
――――「レーンキスト・コートと表現の自由」比較法学39巻2号 (2006)
――――「個人情報保護法に掘り崩されるマスメディアの表現の自由」論座2006年8月号
――――「変貌する名誉毀損法と表現の自由」ジュリスト1222号 (2002)
――――「マス・メディアと名誉毀損・プライヴァシーの侵害」法律時報74巻1号 (2002)
――――「内閣総理大臣の犯歴報道と名誉毀損――『噂の真相』訴訟」法律時報74巻4号 (2002)
――――「表現の自由が持つ政治的機能を再評価せよ――マスメディアは民主主義に不可欠な存在だ」新聞研究603号 (2001)
――――「最高裁判所の憲法判例の半世紀」佐藤幸治・初宿正典・大石眞編『憲法五十年の展望Ⅱ』(有斐閣, 1998)
――――「名誉毀損と表現の自由」山田卓生編『新・現代損害賠償法講座2 権利侵害と被侵害利益』(日本評論社, 1998)
――――「犯罪報道と表現の自由」ジュリスト1136号 (1998)
――――「表現・報道と法」岩村正彦ほか編『岩波講座現代の法10 情報と法』(岩波書店, 1997)
――――「表現の自由理論の現在――日本」ジュリスト増刊『変革期のメディア』(1997)
――――「New York Times 判決の法理の再検討――アメリカにおける名誉毀損法改革をめぐる最近の議論について」民商法雑誌115巻2号 (1996)
――――「意見による名誉毀損と表現の自由」民商法雑誌113巻3号 (1995)
――――「表現の自由と名誉毀損再考」法律のひろば1986年10月号
――――「名誉毀損判決の動向」判例タイムズ598号 (1986)
――――「名誉毀損と表現の自由――憲法的名誉毀損法の展開に向けて(1)―(4・完)」民商法雑誌87巻4号, 5号, 6号, 88巻1号 (1983)
松井修視「名誉毀損訴訟と損害賠償の高額化問題」法律時報74巻12号 (2002)
松村光晃・中村秀一編『名誉毀損・プライバシー 報道被害の救済――実務と提言』(ぎょうせい, 2006)
松本和彦「人権制約の正当化と判例理論――表現の自由に関する最高裁判例を素材にして」榎原猛先生古稀記念『現代国家の制度と人権』(法律文化社, 1997)
三島宗彦 『人格権の保護』(有斐閣, 1965)
――――「真実の証明による免責」マスコミ判例百選 (1971)

参考文献

―――――「真実の証明と人格権侵害」伊藤正己編『現代損害賠償法講座2　名誉・プライバシー』(日本評論社，1972)
宮原　均「誤情報の提供と名誉毀損――ダン・アンド・ブラッドストリート事件合衆国最高裁判決を中心に」クレジット研究11号 (1994)
棟居快行『憲法フィールドノート〔第3版〕』(日本評論社，2006)
―――――『憲法解釈演習――人権・統治機構』(信山社，2004)
―――――『憲法学再論』(信山社，2001)
―――――『人権論の新構成』(信山社，1992)
―――――「プロセス・アプローチ再訪」高田敏先生古稀記念『法治国家の展開と現代的構成』(法律文化社，2007)
―――――「公共空間とプライバシー」西原博史編『岩波講座憲法2　人権論の新展開』(岩波書店，2007)
―――――「表現の自由と人格的利益」『プロセス演習憲法〔第3版〕』(信山社，2007)
―――――「プライバシー権を理由とするモデル小説の事前差止め――『石に泳ぐ魚』事件」メディア判例百選 (2005)
―――――「小説『石に泳ぐ魚』をめぐる最高裁判決」法律のひろば2004年5月号
―――――「報道分野における個人情報保護」法律のひろば2001年2月号
―――――「個人情報保護」公法研究60号 (1998)
―――――「プライヴァシー権の双面性――情報収集・開示と言論・出版とのかかわり」法学教室104号 (1989)
―――――「プライヴァシー概念の新構成」神戸法学雑誌36巻1号 (1986)
村上孝止『人格権侵害と言論・表現の自由』(青弓社，2006)
―――――「マス・メディアとプライバシー」ジュリスト増刊『情報公開・プライバシー』(1981)
―――――「新聞による名誉棄損事件の慰謝料を分析する」新聞研究331号 (1979)
毛利　透「アメリカの表現の自由判例における萎縮効果論――ウォーレン・コートからバーガー・コートへ (1)―(4)・完」法学論叢158巻1号，3号，4号 (2005)，159巻2号 (2006)
本　秀紀「『市民的公共圏』と憲法学・序説」法律時報73巻1号 (2001)
山川洋一郎「真実証明および相当性についての考え方」日本新聞協会研究所編『新・法と新聞』(日本新聞協会，1990)
―――――「表現の自由と名誉毀損――公共の関心事をめぐる問題」清水英夫教授還暦記念『法とジャーナリズム』(日本評論社，1983)

――――「名誉の侵害と民事救済」自由と正義1979年2月号
――――「報道の自由と名誉毀損――ニューヨーク・タイムズ事件判決とその後の発展をさぐる」ジュリスト443号（1970）
山口いつ子「マス・メディアの表現の自由と個人の表現の自由」西原博史編『岩波講座憲法2　人権論の新展開』（岩波書店，2007）
――――「表現の自由論のメタモルフォーゼ――アメリカ合衆国憲法第1修正における構造変化とその価値原理」東京大学社会情報研究所紀要67号（2004）
山口純夫「損害賠償と回復処分」竹田稔・堀部政男編『新・裁判実務体系9　名誉・プライバシー保護関係訴訟法』（青林書院，2001）
山下りえ子「捜査当局の公の発表のない場合と相当性（2）――スロットマシン賭博機事件」メディア判例百選（2005）
山田健太『法とジャーナリズム』（学陽書房，2004）
――――「現実的悪意の理論――フォーカス『金権候補』事件」メディア判例百選（2005）
山田八千子「公益を図る目的の否定――美容整形論争事件」メディア判例百選（2005）
山地　修「名誉毀損の損害額の算定について――諸外国の状況の実証的分析」判例タイムズ1055号（2001）
山元　一「真実性の抗弁――表現の自由と名誉毀損罪」法学教室236号（2000）
吉野夏己「名誉毀損的表現の憲法上の価値」岡山大学法学会雑誌56巻3・4号（2007）
――――「民事上の名誉毀損訴訟における公的人物の概念と表現の自由」法学新報112巻11・12号（2006）
――――「メディア報道における表現の自由と個人情報の保護――民事上の名誉毀損訴訟における公的人物概念の検討」クレジット研究35号（2005）
――――「名誉毀損的表現と言論の自由」中央大学大学院研究年報17号（1988）
読売新聞社『「人権」書かれる立場　書く立場』（中央公論新社，2003）
――――『新　書かれる立場　書く立場――読売新聞の「報道と人権」』（読売新聞社，1995）
――――『書かれる立場　書く立場――読売新聞の「報道と人権」』（読売新聞社，1982）
渡邊眞次・眞田範行「名誉毀損訴訟における慰謝料額の高額化の提案について――弁護士の立場からの考察」法律時報74巻12号（2002）

Robert M. Ackerman, *Bringing Coherence to Defamation Law through Uniform Legislation*: The Search for an Elegant Solution, 72 N.C.L. REV. 291 (1994).

David A. Anderson, *Is Libel Law Worth Reforming?*, 140 U.PA.L. REV. 487 (1991).

Gerald G. Ashdown, *Defamation and the First Amendment: New Perspectives: Public Figures: Of Public Figures and Public Interest—The Libel Law Conundrum*, 25 WM. & MARY L. REV. 937 (1984).

Aureliano Sanchez-Arango, *The Elusive "Involuntary limited Purpose Public Figure:" Why the Fourth Circuit Got It Wrong In Wells v. Liddy*, 9 GEO. MASON L. REV. 211 (2000).

David A. Barrett, *Declaratory Judgments for Libel: A Better Alternative*. 74 CALIF. L. REV. 847 (1986).

Tracy A. Bateman, *Who is "Public Figure" for Purposes of Defamation Action*, 19 A.L.R. 5th 1 (2005).

Lackland H. Bloom, Jr., *Proof of Fault in Media Defamation Litigation (pt. 2)*, 38 VAND. L. REV. 324 (1985).

Gilbert Cranberg, *Fanning the Fire: The Media's Role in Libel Litigation*, 71 IOWA L. REV. 221 (1985).

William F. Cuozzi and Lee Sporn, *Private Lives and Public Concerns: The Decade Since Gertz v. Robert Welch, Inc.*, 51 BROOKLYN L. REV. 425 (1985).

Diana M. Daniels, *Defamation and the First Amendment: New Perspectives: Public Figures: Public Figures Revisited*, 25 WM. & MARY L. REV. 957 (1984).

Alexander D. Del Russo, *Freedom of the Press and Defamation: Attacking the Bastion of New York Times Co. v. Sullivan*, 25 ST. LOUIS U.L.J. 501 (1981).

John L. Diamond, *Rethinking Media Liability for Defamation of Public Figures*, 5 CORNELL J. L. & PUB. POLY 289 (1996).

Thomas C. Dienes, *Libel Reform: An Appraisal*, 23 U. MICH. J. L. REFORM 1 (1989).

Richard A. Epstein, *Was New York Times v. Sullivan Wrong?*, 53 U. CHI. L. REV. 782 (1986).

Jeremy Feigelson, *Fabricated Quotations as Cause for Libel Recovery by a Public Figure.*, 57 U. CHI. L. REV. 1353 (1990).

David Finkelson, *The Status/Conduct Continuum: Injecting Rhyme and Reason into Contemporary Public Official Defamation Doctrine*, 84 VA. L. REV. 871 (1998).

MARC A. FRANKLIN & DAVID A. ANDERSON, MASS MEDIA LAW 289 (5th ed. 1995).

Marc A. Franklin, *Constitutional Libel law: The Role of Content*, 34 UCLA L. REV. 1657 (1987).

―――――, *A Declaratory Judgment Alternative to Current Libel Law*, 74 CALIF. L. REV. 809 (1986).

Marc A. Franklin & Daniel J. Bussel, *Defamation and the First Amendment: New Perspectives: The Plaintiff's Burden In Defamation: Awareness and Falsity*, 25 WM & MARY L. REV. 825 (1984).

Steven G. Gieseler, *Information Cascades and Mass Media Law*, 3 FIRST AMEND. L. REV. 301 (2005).

Susan M. Gilles, *Public Plaintiffs and Private Facts: Should the "Public Figure" Doctrine Be Transplanted into Privacy Law ?*, 83 NEB. L. REV. 1204 (2005).

―――――, *From Baseball Parks to the Public Arena: Assumption of the Risk in Tort Law and Constitutional Libel Law*, 75 TEMP. L. REV. 231 (2002).

―――――, *Taking First Amendment Procedure Seciously: An Analysis of Process in Libel Litigation*, 58 OHIO ST.L.J. 1753 (1998).

DONALD M. GILLMOR & JEROME A. BARRON & TODD F. SIMON, MASS COMMUNICATION LAW (6th ed. 1998).

Robert S. Gilmore, *Attacking the Negligence Rule in Defamation of Private Plaintiffs: Embers Supper Club v. Scripps Howard Broadcasting Co.*, 47 OHIO ST. L.J. 503 (1986).

Kermit L. Hall, *"Lies, Lies, Lies": The Origins of New York Times Co. v. Sullivan*, 9 COMM. L. & POL'Y 391 (2004).

Wat W. Hopkins, *The Involuntary Public Figure: Not So Dead After All*, 21 CARDOZO ARTS & ENT. L.J. 1 (2003).

Stanley Ingber, *Defamation; A Conflict Between Reason and Decency*, 65 VA. L.REV. 785 (1979).

Philip L. Judy, *The First Amendment Watchdog has a Flea Problem*, 26 CAP. U.L. REV. 541 (1997).

Harry Kalven, Jr., *The New York Times Case: A Note on "The Central Meaning of the First Amendment"*, 1964 SUP. CT. REV. 191.

W. PAGE KEETON, DAN B.DOBBS, ROBERT E.KEETON & DAVID G.OWEN, PROSSER & KEETON ON THE LAW OF TORTS (5th ed. 1984).

Robert L. Kerr, *From Sullivan to Nike: Will the Noble Purpose of the Landmark Free Speech Case Be Subverted to Immunize False Advertising?*, 9 COMM.

L. & POL'Y 525 (2004).

Pierre N. Leval, *The No-Money, No-fault Libel Suit:keeping Sullivan in its Proper Place*, 101 HARV. L. REV. 1287 (1988).

Douglas R. Matthews, *American Defamation Law: From Sullivan, Through Greenmoss, and Beyond.*, 48 OHIO ST. L.J. 513 (1987).

Lauren McBrayer, *The DirecTV Cases: Applying Anti-SLAPP Laws to Copyright Protection Cease-and-Desist Letters*, 20 BERKELEY TECH. L.J. 603 (2005).

Donald Meiklejohn, *Speech and the First Amendment: Public Speech and Libel Litigation: Are They Compatible?*, 14 HOFSTRA L. REV. 547 (1986).

James P. Naughton, *Gertz and the Public Figure Doctrine Revisited*, 54 TUL. L. REV. 1053 (1980).

Robert M. O'Neil, *New York Times Co. v. Sullivan: A First Amendment Lawyer's Retrospective*, 9 COMM. L. & POL'Y 423 (2004).

Carlo A. Pedrioli, *A Key Influence on the Doctrine of Actual Malice: Justice William Brennan's Judicial Philosophy at Work in Changing the Law of Seditious Libel*, 9 COMM. L. & POL'Y 567 (2004).

Evelyn A. Peyton, *Rogues' Rights: The Constitutionality of the Libel-Proof Plaintiff Doctrine*, 34 SANTA CLARA L. REV. 179 (1993).

Jeffrey A. Plunkett, *The Constitutional Law of Defamation: Are All Speakers Protected Equally?*, 44 OHIO ST. L.J. 149 (1983).

Robert C. Post, *Recuperating First Amendment Doctrine*, 47 STAN. L. REV. 1249 (1995).

―――――, *The Constitutional Concept of Public Discourse: Outrageous Opinion, Democratic Deliberation, and Hustler Magazine v. Falwell.*, 103 HARV. L. REV. 603 (1990).

George W. Pring, *SLAPPs: Strategic Lawsuits Against Public Participation*, 7 PACE ENVTL. L. REV. 3 (1989).

Frederick Schauer, *Defamation and the First Amendment: New Perspectives: Public Figures*, 25 WM. & MARY L. REV. 905 (1984).

E. H. Schopler, *Constitutional Aspects of Libel or Slander of Public Officials*, 95 A.L.R. 2d 1450 (2005).

Christopher Russell Smith, *Dragged into the Vortex: Reclaiming Private Plaintiffs' Interests in Limited Purpose Public Figure Doctrine*, 89 IOWA L. REV. 1419 (2004).

RODNEY A. SMOLLA, LAW OF DEFAMATION (2th ed. 2002).

———, *Let the Author Beware: The Rejuvenation of the American Law of Libel*, 132 U. PA. L. REV. 1 (1983).

———, *Dun & Bradstreet, Hepps, and Liberty Lobby: A New Analytic Primer on the Future Course of Defamation*, 75 GEO. L. J. 1519 (1987).

———, *Qualified Intimacy, Celebrity, and the Case for a Newsgathering Privilege*, 33 U. RICH. L. REV. 1233 (2000).

Rodney A. Smolla & Michael J.Gaertner, *The Annenberg Libel Reform Proposal: The Case for Enactment*, 31 WM. & MARY L. REV. 25 (1989).

Nat Stern, *Unresolved Antitheses of the Limited Public Figure Doctrine*, 33 HOUS. L. REV. 1027 (1996).

———, *Private Concerns of Private Plaintiffs: Revisiting a Problematic Defamation Category*, 65 MO. L. REV. 597 (2000).

Andrew L. Turscak, Jr., *School Principals and New York Times: Ohio's Narrow Reading of who is a Public Official or Public Figure*, 48 CLEV. ST. L. REV. 169 (2000).

Mark D. Walton, *The Public Figure Doctrine: A Reexamination of Gertz v. Robert Welch, Inc. in Light of Lower Federal Court Public Figure Formulations*, 16 N. ILL. U. L. REV. 141 (1995).

Erik Walker, *Defamation Law: Public Figures - Who Are They?*, 45 BAYLOR L. REV. 955 (1993).

RESTATEMENT OF THE LAW, SECOND, TORTS (1977).

The Supreme Court, *1984 Term. I. Constitutional Law*, 99 HARV. L. REV. 120 (1985).

判 例 索 引

【大審院判例】
大判明治43年4月5日民録16輯273頁　134
大判昭和13年12月15日大刑集17巻23号927頁　115

【最高裁判所判例】
最大判昭和29年11月24日刑集8巻11号1866頁（新潟県公安条例事件）　100
最大判昭和31年7月4日民集10巻7号785頁（謝罪広告事件）　13,113
最大判昭和32年3月13日刑集11巻3号997頁（チャタレー事件）　100
最1小判昭和33年4月10日刑集12巻5号830頁（『岩代毎夕新聞』事件）　13
最1小判昭和34年5月7日刑集13巻5号641頁　14,15
最2小判昭和40年2月5日裁集民77巻321頁　153
最1小判昭和41年6月23日民集20巻5号1118頁（「署名狂やら殺人前科」事件）　4,6,17,104
最大判昭和44年6月25日刑集23巻7号975頁（『夕刊和歌山時事』事件）　11,14,100
最1小判昭和47年11月16日民集26巻9号1633頁（『下野新聞』事件）　21
最1小決昭和53年5月31日刑集32巻3号457頁（外務省秘密電文漏洩事件）　100
最1小判昭和55年10月30日判時986号41頁（スロットマシーン賭博機事件）　22
最2小判昭和55年11月28日刑集34巻6号433頁（『四畳半襖の下張』事件）　100
最1小判昭和56年4月16日刑集35巻3号84頁（『月刊ペン』事件）　6,103,106,121
最大判昭和61年6月11日民集40巻4号872頁（『北方ジャーナル』事件）　94,104,107,115,136
最2小判昭和62年4月24日民集41巻3号490頁（『サンケイ新聞』意見広告事件）　103
最1小判平成元年12月21日民集43巻12号2252頁（長崎教師批判ビラ事件）　110
最3小判平成6年2月8日民集48巻2号149頁（ノンフィクション『逆転』事件）　121
最2小判平成9年7月11日民集51巻6号2573頁　149
最3小判平成9年9月9日民集51巻8号3804頁（ロス疑惑訴訟『夕刊フジ』事件）　110

最3小判平成9年9月9日民集51巻8号3850頁　108
最3小判平成11年10月26日民集53巻7号1313頁　22
最3小判平成14年9月24日判時1802号60頁（『石に泳ぐ魚』事件）　120
最1小判平成15年10月16日民集57巻9号1075頁（テレビ朝日ダイオキシン訴訟）　106
最2小判平成16年12月13日民集58巻9号2419頁　25
最1小判平成17年6月16日判時1904号74頁　129
最1小判平成18年6月1日民集60巻5号1887頁　25
最3小決平成18年10月3日民集60巻8号2647頁　111

【高等裁判所判例】

大阪高判昭和25年12月23日判特15号94頁　14
大阪高判昭和27年5月17日高刑集5巻5号827頁　126
福岡高判昭和28年1月16日高民集6巻1号1頁（「夫婦でドロン，違反容疑の落選議員」事件）　16
東京高判昭和31年2月27日高刑集9巻1号109頁　14
大阪高判昭和37年10月31日下民集13巻10号2194頁　135
東京高判昭和54年3月20日高刑集32巻1号71頁　100
東京高判昭和55年9月30日判時981号43頁（『サンケイ新聞』意見広告事件）　93
東京高決昭和57年6月1日判時1053号111頁　94
大阪高判昭和60年6月12日判時1174号75頁（「教授が産業スパイ」事件）　21
大阪高判平成元年5月26日判夕713号196頁（フォーカス「金権候補」事件）　95
東京高判平成元年9月5日判時1323号37頁（ノンフィクション『逆転』事件）　95
東京高判平成2年9月27日判時1359号38頁（「色盲まやかし療法」事件）　106
東京高判平成6年9月22日判時1536号37頁（「第二のニセ秘宝」事件）　28, 106
東京高判平成8年10月30日　23
東京高判平成13年7月5日判時1760号93頁（大原麗子対『女性自身』事件）　25, 133
東京高判平成13年8月28日判夕1070号42頁　96
東京高判平成13年12月26日判時1778号73頁（清原和博対『週刊ポスト』事件）　150, 156
東京高判平成14年2月20日判時1782号45頁（テレビ朝日ダイオキシン訴訟）　106

【地方裁判所判例】

東京地判昭和25年7月13日下民集1巻7号1088頁　115

徳島地判昭和28年6月24日下民集4巻6号926頁（徳島政見放送名誉毀損事件）93

東京地判昭和30年7月11日下民集6巻7号1397頁　16

東京地判昭和31年11月5日下民集7巻11号3108頁（「わが子ひとの子」事件）135

東京地判昭和32年7月13日判時119号1頁（「幹事長と女秘書」事件）　93

千葉地判昭和36年5月17日下民集12巻5号1156頁（「裁判長、取調官と取引き」事件）135

東京地判昭和43年4月8日下民集19巻3・4号175頁（「ビル建設でサギ」事件）135

札幌地判昭和45年3月16日判時592号37頁（「札幌市議一千万円のサギ」事件）135

東京地決昭和49年5月14日判時739号49頁（『サンケイ新聞』意見広告事件・仮処分決定）93

東京地判昭和50年5月22日判時794号79頁（スロットマシーン賭博機事件）22

東京地判昭和52年7月13日判時857号30頁（『サンケイ新聞』意見広告事件）93

大阪地判昭和59年7月23日判時1165号142頁（「市有地払い下げに疑惑」事件）21

京都地判昭和60年10月25日判時1184号89頁　136

東京地判昭和61年3月31日判時1189号19頁（「色盲まやかし療法」事件）　136

大分地判昭和62年3月18日判時1239号107頁　95

東京地判昭和62年11月20日判時1258号22頁（ノンフィクション『逆転』事件）95

東京地判昭和63年7月25日判時1293号105頁（「弁護士が『黒い失点』」事件）122

東京地判平成2年1月30日判タ730号140頁（美容整形論争事件）　106

東京地判平成5年5月25日判タ827号227頁（ロス疑惑護送写真事件）　122

東京地判平成7年3月14日判タ872号298頁（「インサイダー取引」事件）　136

東京地判平成8年1月31日判時1565号125頁（小沢一郎衆議院議員秘書対菊池久事件）96

東京地判平成8年12月20日判時1619号104頁　122

東京地判平成13年2月26日判タ1055号24頁（大原麗子対『女性自身』事件）
  132
東京地判平成13年3月27日判時1754号93頁（清原和博対『週刊ポスト』事件）
  25
東京地判平成13年4月24日判時1767号32頁（森喜朗元首相対雑誌『噂の真相』
  事件） 127
横浜地判平成13年10月11日判タ1109号186頁 106
東京地判平成15年8月18日 128

【アメリカ連邦最高裁判所判例】

Abrams v. United States, 250 U.S. 616 (1919) 90
Whitney v. California, 274 U.S. 357 (1927) 90
Chaplinsky v. New Hampshire, 315 U.S. 568 (1942) 33
Beauharnais v. Illinois, 343 U.S. 250 (1952) 33
New York Times Co. v. Sullivan, 376 U.S. 254 (1964) 29,31,33,45,62,68,135,142
Garrison v. Louisiana, 379 U.S. 64 (1964) 36,43,68
Henry v. Collins, 380 U.S. 356 (1965) 45
Rosenblatt v. Baer, 383 U.S. 75 (1966) 45,48,121
Time, Inc. v. Hill, 385 U.S. 374 (1967) 36,54
Curtis Publishing Co. v. Butts, 388 U.S. 130 (1967) 36,50,51,54,63
Associated Press v. Walker, 388 U.S. 130 (1967) 36,50,51,54,63
Beckley Newspapers Corp. v. Hanks, 389 U.S. 81 (1967) 46
St.Amant v. Thompson, 390 U.S. 727 (1968) 43,46
Greenbelt Cooperative Publishing Ass'n, Inc. v. Bresler, 398 U.S. 6 (1970) 54
Rosenbloom v. Metromedia, Inc., 403 U.S. 29 (1971) 37,39,86
Time, Inc. v. Pape, 401 U.S. 279 (1971) 43,46
Ocala Star-Banner Co. v. Damron, 401 U.S. 295 (1971) 46,48
Monitor Patriot Co. v. Roy, 401 U.S. 265 (1971) 48,49
Gertz v. Robert Welch, Inc., 418 U.S. 323 (1974) 37,44,46,48,51,55,56,58,62,81
Time, Inc. v. Firestone, 424 U.S. 448 (1976) 39,55,57,81,84
Hutchinson v. Proxmire, 443 U.S. 111 (1979) 39,45,47,57,58,82,84,85
Wolston v. Reader's Digest Ass'n, Inc., 443 U.S. 157 (1979) 39,53,57,58,80,81,
  84,85
Connick v. Myers, 461 U.S. 138 (1983) 40
Dun & Bradstreet, Inc. v. Greenmoss Builders, Inc., 472 U.S. 749 (1985) 39,56,

65

Philadelphia Newspapers, Inc. v. Hepps, 475 U.S. 767 (1986)　　41,56
Hustler Magazine, Inc. v. Falwell, 485 U.S. 46 (1988)　　53,80
Harte-Hanks Communications, Inc. v. Connaughton, 491 U.S. 657 (1989)　　49

【アメリカの下級審判例】

Rosanova v. Playboy Enterprises, Inc., 411 F. Supp. 440 (S.D. Ga. 1976)　　84
Carson v. Allied News Co., 529 F.2d 206 (7th Cir. 1976)　　83
Buckley v. Littell, 539 F.2d 882 (2d Cir. 1976), cert. denied,429 U.S. 1062 (1977)　　80

Meeropol v. Nizer, 560 F.2d 1061 (2d Cir. 1977), cert.denied 434 U.S.1013 (1978)　　83

Rosanova v. Playboy Enterprises, Inc., 580 F.2d 859 (5th Cir. 1978)　　84
Nader v. de Toledano, 408 A.2d 31 (D.C. 1979), cert. denied,444 U.S. 1078(1980)　　80

Waldbaum v. Fairchild Publications, Inc., 627 F.2d 1287 (D.C.Cir. 1980)　　80, 84,85

Street v. National Broadcasting Co., 645 F.2d 1227 (6th Cir.), cert. granted and then dismissed after settlement, 454 U.S. 815 (1981)　　83
Denny v. Mertz, 106 Wis.2d 636, 649-50, 318 N.W.2d 141 (4th Cir. 1982)　　85
Eastwood v. Superior Court, 149 Cal. App. 3d 409 (1983)　　80
Dameron v. Washington Magazine, Inc., 779 F.2d 736 (D.C.Cir. 1985)　　82,83
Tavoulareas v. Piro, 817 F.2d 762 (D.C.Cir. 1987)　　85
Jones v. Palmer Communications, Inc., 440 N.W.2d 884 (Iowa. 1989)　　83
Kumaran v. Brotman, 247 Ill. App.3d 216, 617 N.E.2d 191 (1993)　　85
Foretich v. Capital Cities/ABC, Inc., 37 F.3d 1541 (4th Cir. 1994)　　85
Lundell Manufacturing Co. v. ABC, Inc., 98 F.3d 351 (8th Cir. 1996)　　83
Wells v. Liddy, 186 F.3d 505 (4th Cir. 1999)　　82,83
Goldreyer, Ltd. v. Dow Jones & Co., 259 A.D.2d 353, 687 N.Y.S.2d 64 (1999)　　83
Atlanta Journal-Constitution v. Jewell, 555 S.E.2d 175 (Ga. App. 2001)　　83
Carr v. Forbes, Inc., 259 F.3d 273 (4th Cir. 2001)　　85

索　引

<あ行>
芦部信喜　15,97
Ashdown　86
アネンベルグ（Annenberg）文書名誉毀損法改革プロジェクト　75,78
安部英・元帝京大学副学長対櫻井よしこ事件　129
アメリカ合衆国憲法修正第1条　31,33,35,36,40,41,63,68,72,79,80,89,90,103,135,161
　——の核心　87,88,90,91
　——の保護　66
　——の保護の核心　40,161
アメリカ合衆国憲法修正第14条　35,68
American Opinion（月刊誌）　38
Anderson　65,66,71,73,89
五十嵐清　138
「息をつくスペース（breathing space）」　34,36,70,91
医原病書籍頒布禁止事件　94
『石に泳ぐ魚』事件　120
慰謝料　135
　——額（の）変遷　134
　——額の高額化　138,151
萎縮効果（chilling effect）　5,12,14,26,38,42,72,89,91,92,99,102,110,118,129,130,152,156,157,158,160,164
伊藤正己　94,105
井上繁規　145,150
Walker 判決　50,51

Waldbaum 判決　85,87
Wolston 判決　57,58,84,85
Walton　67,73
Warren　51
Epstein　65,69
大阪地方裁判所（の）損害賠償実務研究会　144,155
大橋進　136,143
大原麗子対『女性自身』事件　25,132
大峰義孝　146
岡部純子　146
奥平康弘　15,98,103,104
小沢一郎衆議院議員秘書対菊池久事件　95

<か行>
Gertz　37,38
　——判決　39,41,46,48,51,54,55,56,58,64,65,66,67,70,73,78,79,80,81,84,87,161
　——ルール　39,40
改革案　63,74,75,77
改正刑法仮案　11
外務省秘密電文漏洩事件　99,100
下級公務員　45
過失（fault）　38,42,43,62,70,71
　——責任　38
関連性（relevancy）　79,83
危険の引き受け（assumption of risk）　79,118,119,120
危険負担　38,58,119
喜田村洋一　101

鬼頭季郎　150
旧刑法　10
虚偽性　33,43
　——の立証責任　42
挙証責任　12,26
郡課税額査定官（tax assessor）　49
郡検事（county attorney）　45
郡公共レクリエーション地域監督責任者（supervisor）　46
郡裁判所書記官（court clerk）　46
郡法執行官代理（deputy sheriff）　46
警察署長（chief of police）　45
警察の副刑事部長（deputy chief of detectives）　46
刑事（上の）名誉毀損　15,16,25,36
芸能人　80,87,88,123,124,149,150,151
刑　法　10,15,92,109
　——35条　26,115
　——230条　114
　——230条の2　4,5,6,11,12,14,15,16,17,18,19,25,97,98,100,103,126,162
　——の特別法　10
　——の免責3要件　25
『月刊ペン』事件　6,106,121
厳格化　5,9,21,25,92,160
厳格責任（strict liability）　33,38,70
原告の（法的）地位　39,58,66,67,72,87,89,161
「原告の選択文書名誉毀損改革法」　75
原告の属性　28,101
原告の類型　44
県・市議会議員　151
現実的悪意（actual malice）　2,7,26,29,31,33,35,40,41,42,43,49,50,62,65,68,70,71,73,95,96,107,108,109,111,127,128,129,130,158,159,160,163,165,166
現実的悪意の法理　1,7,8,19,29,31,32,35,37,41,42,54,60,61,62,63,65,66,68,71,72,73,74,88,91,93,94,95,96,97,98,99,100,102,105,107,108,109,110,118,121,127,130,133,134,142,157,158,159,160,161,163
　——肯定説　69
　——導入の可能性　98
　——導入の必要性　154
　——導入枠組の検討　101
　——に関する学説　96,161
　——の運用　88
　——の再検討　62
　——の射程　61
　——の適用　83,86,89
　——の適用対象　36,122,124,126,164
　——の適用範囲　63,71,79,123,125
　——の問題点　68,77
　——否定説　64
　日本における——　93,162
現実の悪意　94
限定的公的人物（limited public figure あるいは limited-purpose public figure）　52,53,58,64,67,73,79,80,81,83,87,101,123
憲法的視点　13
憲法的視座　92
憲法的名誉毀損法　1,32,161
権利放棄（waiver）　66,73
権力者　10,110
言論（の）内容　41,63,66,67,72,73,

86,89,161
言論の自由の乱用　13,113,114,115
公益性　2,5,12,102,106,107,108,127,
　160,163,165
公共空間　117,120,163
公共圏　117,163
公共情報　15
公共性　2,5,6,7,12,101,102,103,104,
　106,163
公共の利害に関する事実（公共ノ利害
　ニ関スル事実）　6,8,12,103,116
公私の多元性　125
公職（の）候補者　48,49,121
公職者（public official）　4,31,34,35,
　41,42,44,45,46,47,48,50,60,63,68,69,
　73,74,75,78,79,91,103,104,121,122,
　123,124,128,129,161
　——／公的関心事　68
　——であった者　48
公人（public person）　2,4,6,8,10,32,
　38,42,44,62,73,79,101,102,105,110,
　112,116,117,119,120,121,126,131,151,
　152,154,156,157,160,164,165
　——／公的関心事　35,37,41
　——／私人　1,3,101,165
　——／私人のテスト　39,41,42,54
　——／私的関心事　42
　——と私人の区別　43,44,61,85,
　86,118,120
　——の名誉（権）　1,9,66,74,89,113,
　121,163
　——批判　110,152
　——報道　120,130,159,160,162,164
　——法理（public figure doctrine）
　86,87

——類型の再構成　121,130,164
公選の（市）委員（commissioner）
　45
公的関心事（matter of public concern）
　35,36,40,41,42,48,54,62,63,86,125,
　126,127,128,129,152,160
　——のテスト　37,39,41,42
公的事項　6,103,104,105,157,162
公的情報　66
公的人物（public figure）　4,32,36,
　37,41,42,44,47,50,51,60,63,64,66,74,
　75,78,82,84,119,121,122,123,124,161
　——原理　67
　——の3類型　85
　——の識別　67,73
　——の定義　85
公的論争　38,53,55,56,57,58,59,80,81,
　82,83,84,85,90,123,161
公務員　4,12,45,50,110,150
Goldberg　68
国会議員　103,150,154
国家意思形成　124
駒村圭吾　123
コミュニケーション・プロセス　117
コミュニティー　56,83
コモン・ロー（common law）　29,33,
　34,38,41,42,65,96

＜さ行＞
阪本昌成　96
佐藤幸治　98,125
眞田範行　101,145,154
『サンケイ新聞』意見広告事件　93
讒謗律　10
塩崎勤　139

索　引

自己規制　5,89,91,92
自己検閲（self-censorship）　19,26,62,67,70,84
自己統治（self-governance）　19,70,72,89,98,161
市裁判所裁判官（municipal judge）　49
私人（private individual）　32,35,38,41,42,44,54,55,56,62,70,74,79,83,86,117,126
　　──／公的関心事　36,37,38,40,41,42
　　──／私的関心事　41
　　──の名誉　40
思想の自由市場（free marketplace of ideas）　90
　　──相互交換（interchange of ideas）　90
私的関心事　35,40,62,63,125
「自発的（voluntary）」　57,58,59,81,83,84,85,86,161
自発的公的人物（voluntary public figure）　52,54,56,57,59,60,64,81,83,84,85,86,89,91,123,161
司法研修所（の）損害賠償実務研究会　142,145,154
清水公一　97
清水英夫　15
『下野新聞』事件　21
Schauer　87,89,91,161
社会的地位　149,150,151
取材源（の）秘匿　30,110,111
出版法　10,11
Schumer　74
　　──法案　74,75,77,78

上級官僚（public officer）　4,48
上級公務員　16,98,122
証明責任　8,93,96
　　──の転換　26,28
職務の適格性　46,47,49
「署名狂やら殺人前科」事件　17
自力救済（self-help）　66,70,73,105
Gilles　87
知る権利　2,112,113,118,122,155,159
真実性　5,12,35,43,102,110,111,127,160,163
　　──の抗弁　15,33,34
　　──の証明（真実証明）　5,12,13,14,15,16,109
　　──立証責任　42
新聞紙法　10,11
鈴木秀実　30
Stern　70,86
スポーツ選手　87,88,124
Smolla　58,66,75
SLAPP（Strategic Lawsuits Against Public Participation）訴訟　154,155
スロットマシン賭博機事件　22
政治家　4,5,6,8,16,48,104,110,115,117,118,119,122,126,127,149,150,152,154,156,160,164,165
政治的言論（討論）　68,87,89,91,103
「政治的な（political）」公的人物　87,88,89,91,161
精神的損害　134
正当（業務）行為　115
絶対的公人　123,124,125,126,127,129,130,160,164,165
絶対的免責（absolute immunity）

68,69,72
宣言的判決 (declaratory judgment) 74,75,76,77,78
全面的公的人物 (general public figure あるいは all-purpose public figure) 51,52,56,64,79,80,86,101,123
相対多数意見 (plurality opinion) 37,39,40,41,54
相対的公人　123,124,126,164,165
相当性　5,21,102,110,111,123,160,163
相当性理論　2,4,5,6,9,14,16,17,18,19,21,102,104,105,109,126,127,152,156,160,162,163,165
——の問題点　18,160
相当の理由　4,14,15,16,17,20,92,102,110,160
損害賠償　134
損害賠償 (額) の高額化　1,8,92,131,133,152,156,157,158,164

<た行>
退役陸軍将軍　36,54
大学の体育監督 (athletic director)　36,54
対抗言論　117
Time　55,81
Times 事件　35,96
Times 特権　71
Times 判決　30,36,45,63,64,65,66,67,70,73,78,90,91,103,135,142,161,162
——の意義　90
——の法理　38,48,51,71,88
Times ルール　45,49,65
Douglas　68
竹田稔　96,140

田島泰彦　154
Daniels　88,89
谷口正孝　94,162
多様な情報の流通　5
Dun & Bradstreet (信用調査会社)　40
——判決　41
チャタレー事件　100
調査報道　110
懲罰的損害賠償　38,40,65,70,75,76,131,148
著名人 (celebrity)　6,66,71,80,87,88,89,123,124,131,149,150,151,154
強い公共性　2,102,103,104,105,107,108,124,160,162,163,165
Dienes　71
定義づけ衡量　13,17,19,99,100,101,108,130,160,162,163
同意意見　68
統一州法委員全国会議 (The National Conference of Commissioners on Uniform State Laws)　76
統一名誉毀損訂正・明確化法 (Uniform Correction or Clarification of Defamation Act)　76,78
東京地方裁判所 (の) 損害賠償訴訟研究会　137,143,153

<な行>
中村正三郎元法相対共同通信社事件　128
新潟県公安条例事件　100
日本国憲法　98,110
——13条　11,115
——14条　153

――21条　11,14,26,94,109
――31条　26
日本新聞協会新聞（の）編集関係法制
　　研究会　135
日本新聞協会新聞（の）法制研究会
　　7,110
New York Times　34
　　――判決　29
　　――判決の法理　35
　　――ルール　37
ノンフィクション『逆転』事件
　　95,121

<は行>

Burger　65
Hustler　53
Hutchinson 判決　57,58,84,85
Butts 判決　50,51
長谷部恭男　118
浜田純一　140
パロディー広告　53,80
犯罪被害者　36
判例の厳格化（傾向）　20
反論文掲載　76
反論能力　58,105,119
比較衡量　59
被疑者　53
非自発的公的人物（involuntary public figure）　52,53,56,60,64,81,82,83,123
非政治的な公的人物　87,89,91
表現の自由の原理論　63,90
美容整形論争事件　106
平山信一　141
Firestone 判決　57,84

Falwell　80
Philadelphia Inquirer　41
フォーカス「金権候補」事件　95
複合テスト　41,42,43
富豪夫人　55,81
藤木英雄　12
不法行為法　5,27,72
プライバシー権　4
プライバシー侵害　42,53,95,138,141
　　――訴訟　36,54
Black　68
Franklin　72,74,75,77,89,161
Franklin 改革法案　77,78
Brandeis　69,90
Bloom　70,71
Brennan　43,86,90
プロセス的名誉毀損法理　112
文書名誉毀損（libel）　29,33
弁護士　80,149,150,151,154
法廷意見（opinion of the Court）
　　37,47,53,55,81
報　道
　　――対象　125,130,164
　　――内容　30,125,130,164
　　――の迅速性　17
　　――の正確性　17
Holmes　90
『北方ジャーナル』事件　94,115,136,143,162
堀部政男　13
White　65

<ま行>

升田純　139,150
マス・メディア　3,4,5,20,22,29,30,

59,65,66,67,68,69,70,71,72,74,76,77,
78,85,92,96,101,102,103,105,106,107,
110,111,112,113,115,117,119,122,163
松井茂記　15,122
松井修視　155
三島宗彦　17,27
密接関連性（germaneness）　79,80
民事（上の）名誉毀損　15,16,17,25,
31,98,126,127
民　法　92,96,109
　——709条　16,17,95
　——710条　16
無過失責任（liability without fault）
38
無謀な無視（reckless disregard）
43,70
棟居快行　105,117,119,124
村上孝止　126,138,151
明白かつ確信を抱くに足る証拠
70,75,76
名　誉　115
名誉毀損
　アメリカにおける——　141
　週刊誌による——　137
　新聞の——　138
　政治家に対する——　150
名誉毀損及び他の目的のために新しい
　訴訟原因の創設により，憲法上の
　権利としての言論の自由を保護す
　る法案　74
名誉毀損罪　10,11,14
名誉毀損事件
　——憲法化（constitutionalizing）
　35
名誉毀損における100万円の賠償ルー

ル　132,133,139
名誉毀損の免責　5,8,13
名誉毀損法（理）　10,66,69,70,77
　——憲法化（constitutionalizing）
　65
　——の改革　72
　——の改革案　74,77
　——の歴史　1
　アメリカにおける（の）——
　33,62
　憲法上の——　70
　日本の——　30,92
メディアと人権　113
メディア／非メディア　3,63
メディアへのアクセス（access to the
　media）　38,47,58,59,66,73,79,82,
　118,119,120,163
免責法理　106,157
モア・スピーチ（more speech）　90
森喜朗元首相対雑誌『噂の真相』事件
127

〈や行〉
山川洋一郎　110,140
山地修　141,142
山元一　15
U.S. News & World Report　71
『夕刊和歌山時事』事件　14,19,100,
109,162
『四畳半襖の下張』事件　100
予測可能性　9,107,130,160,163,164
400－500万円の賠償ルール　137

〈ら行〉
乱用理論　14

リステイトメント (RESTATEMENT OF THE LAW) 69
立証責任 19,25,27,29,34,35,98,99, 102,108,111,127,130,161,164
Roy 判決 49
労働組合 98

Rosenbloom 事件 37,39,67
――判決 86

<わ行>
渡邊眞次 101,145,154

〈著者略歴〉

山 田 隆 司（やまだ・りゅうじ）

1962年　大阪府生まれ
2008年　大阪大学大学院法学研究科博士後期課程修了
2008年　博士（法学）（大阪大学）
所属学会　日本公法学会，日本マス・コミュニケーション学会，
　　　　　全国憲法研究会，関西憲法判例研究会
専　攻　メディア法，憲法
現　在　読売新聞大阪本社記者

公人とマス・メディア
― 憲法的名誉毀損法を考える ―

2008（平成20）年5月28日　第1版第1刷発行

著　者　山　田　隆　司

発行者　今　井　　　貴
　　　　渡　辺　左　近

発行所　信 山 社 出 版

〒113-0033　東京都文京区本郷6-2-9-102
　　　　　　ＴＥＬ 03(3818)1019
Printed in Japan　　　ＦＡＸ 03(3818)0344

©山田隆司, 2008.　　印刷・製本／松澤印刷・大三製本
ISBN 978-4-7972-2404-7　C3332